子どもの「こころの叫び」を聴いて！

笑顔を取り戻すための処方箋

サイコセラピスト
網谷 由香利
Yukari Amiya

はじめに

面接の場でクライエント（心理療法を受ける人）とお話ししていると、「今まで世間で言われていたことは一体何だったのでしょうか。衝撃《しょうげき》です。学校も病院もメディアもみんな、先生とは逆のことを言っています」と言われることがたびたびあります。

特に、不登校、引きこもりやいじめ問題に関して、長い年月にわたって私はクライエントからこのように言われ続けてきました。そのたびに、私の頭の中では〝クエスチョンマーク（?）〟が点滅状態になります。

なぜなら、私は至極《しごく》当たり前で本当のことを言っているだけだからです。特別な新しいことを発見したわけではありません。心理の臨床現場にいれば、誰もがわかっていることばかりであり、常識的なことをお伝えしているにすぎないのです。それなのになぜ、世間では逆のことを言うのでしょうか。

もしかすると、〝真実〟を言われては困る立場の人がたくさんいるのかもしれません。あるいは、大人は一度でき上がった固定観念を壊《こわ》すのが苦手ですから、これまでの長い間、何の検証もないまま一斉《いっせい》に一方方向に進んできてしまったために、今さら引き返すことができず、間違いを撤回《てっかい》することができなくなってしまったのかもしれません。

けれども、私たち臨床家はあくまでもクライエントの「こころの回復」を目的に援助し、クライエントが〝どうしたら回復するのか〟を徹底的に追求しているので、大人たちの立場や固定観念や見栄や都合に迎合するわけにはいきません。臨床の生の現場では、〝清く正しく〟という表面的なスローガンも通じません。人のこころはそれほど単純なものではないのです。

臨床現場では、クライエントが実に多くのことを教えてくれます。不登校や引きこもりだけではなく、あらゆる心理的な問題や精神的な症状に苦しんでいた方々が、皆回復して、社会で能力を発揮《はっき》しています。どんな状態であっても、良くなる可能性があることを証明してくれているのです。さらに、リバウンドがないことが根本的な回復を果たしたことを物語っています。小説やドラマや映画の中のお話ではありません。クライエントの回復した姿こそが、ここでお話ししていることが真実であることの何よりの生きた証明なのです。

・いじめの問題をはじめ、二度と悲惨《ひさん》な事件が起きないようにするにはどうしたらいいのか。
・心理的な症状に苦しんでいる人はどうしたら回復するのか。
・不登校、引きこもりが回復するためにはどうしたらいいのか。
・なぜ赤ちゃんのときの母親との関係が人間の基礎をつくるのか。
・なぜ子どもを大切にすることが、大人が幸せになることにつながるのか。
・子どもたちの本当のこころの声を聴くためにはどうしたらいいのか。

この本には、それらへの答えが具体的に載っています。

（第三章では「日本型（代理人による）ミュンヒハウゼン（障害・傾向）」について、終章では小鳥との交流の実話を載せました）

私は勇気をもってこれから本当のことを話します。
あなたも勇気をもってこの本のページを開いてください。
そこにあなたが求めている〝真実〟がきっとあるはずです。

二〇一二年九月　千葉県佐倉市にて

サイコセラピスト　網谷由香利

子どもの「こころの叫び」を聴いて！

～笑顔を取り戻すための処方箋

目次

本文イラスト／白髪エイコ
装幀／堀井美恵子（HAL）
本文レイアウト／安藤 聡

第1章
子どものこころを支える

1 誰にも言えない「いじめ」の苦しみ

（いじめられっ子の事例）

二〇一二年六月、滋賀県大津市の中学生の自殺に関する報道が日本列島をかけめぐりました。自殺の背景に「いじめ」がある、という遺族側の訴えが、大きな論争を呼びました。遺族側と学校側の意見が対立し、市長まで巻き込んだ一大騒動になっているのを、自ら命を絶《た》った少年はどのような思いで見ているでしょうか。

「いじめ」に関わる子どもたちも“こころ”が傷ついている

「自殺」が起きて社会問題になると、決まって自殺の「犯人捜し」が論点になる傾向があります。そのことに空《むな》しさと悲しさを感じるのは私だけでしょうか。

人は「死」という最後のカードを持っているからこそ、生を全《まっと》うするのだともいえます。それなのに自ら最後のカードをきって、「死」を選択せざるを得ないということは、「生きること自体が地獄」だったからでしょう。そこに目を瞑《つむ》ったまま、ただ単に自殺の犯人捜しをすることでは、いじめによる自殺を予防することは到底できません。

大津のいじめ事件に関して、日本中がその話題に沸いているとき、人々の中で一体何が起きていたのでしょう。ある人は犯人捜しをする警察官になり、ある人は悪を裁く裁判官になり、ある人は自分の持論を展開する評論家になって、「正義」の名のもとに、個々の抱えている衝動に突き上げられた感情をぶつけるという現象が起きている気がします。

もちろん、「いじめ」は「悪」であり、あってはならないことです。学校はしっかりと生徒を守ってほしい、と願うことも自然なことです。けれども、（加害者となってしまった少年たちや教師、教育委員会の役員などの）個人を攻撃することが、「いじめ」問題を解決することにつながると言えるでしょうか。

私たち臨床家は、日々クライエントのこころの叫びを聴いています。クライエントが、決して人には言えないことを、セラピーの中で話すことも珍しくありません。かつて「いじめっ子」だったり、「いじめられっ子」だった

人がそのときの心情を語ることも多くあります。そうしたお話をお聴きしていると、「いじめる側」「いじめられる側」双方がどちらも、〝こころが傷ついている〟ことがわかります。

大津の問題に戻りましょう。社会現象にまでなっているいじめに関する論争は、そうしたいじめの根幹にある「子どもたちのこころ」の問題からはかけ離れたところで起きているのではないでしょうか。誤解を恐れずに言うならば、そうした論争は大人たち同士の争いであって、傍観者《ぼうかんしゃ》参加型の、ある種の集団いじめにまで発展しているように思えます。中には真剣に考えている人もいるでしょうが、愉快犯のように面白がっている人もいるでしょう。

動かずにうずくまることで〝こころの傷〟を回復する

この事件は大変な関心を集めたようで、クライエントの方からも「どうしたら（少年は）死なないで助かったのでしょうか」といった質問を頻繁《ひんぱん》に受けました。簡単なことです。残酷《ざんこく》ないじめを受けているなら、学校に行かなければいいのです。人間は身を守ろうとする本能があるのですから、本来なら防衛本能が働いて、学校に行かなくなるはずです。けれども、自殺した少年は学校に行っていたといいます。ではなぜ学校に通い続けたのか。彼は生きたかったはずです。でも死ななければならなかった。それは彼が、どんなに生き地獄でも学校には行かなければならないという追い詰められた心理状態に置かれていたからではないでしょうか。

彼のこころの天秤《てんびん》は「生き地獄」と「死」の間だけで揺れ動き、他の選択肢を与えられることはありませんでした。彼のこうした心理状態の背景には、家庭や学校をはじめ社会全体が、「義務教育」期間の子どもは学校に行く「義務」があるというある種の強迫的な観念を子どもたちに植えつけている現実があります。そうしなければ、大人たちは不安で仕方がないのです。

大人たちが自分の「不安」を正当化するときの言葉に、「いじめられて学校を休んだら、自分に負けることになる」というのがあります。この言葉を浴びせられた子どもたちは「休むことは逃げなのだ」と自分に言い聞かせることになり、「休む」＝「罪悪」という構図がつくられていきます。そうして子どもたちは追い詰められていくのです。

私のクライエントでいじめられっ子だったある男子中学生は、次のように話しました。「いじめられていることを誰にも言いたくない。言ったら、余計に傷つく。同級生にいじめられて担任の先生に相談したことがあったんです。担任の先生は『何でも話してごらん。誰にも言わないから。先生は味方だよ』って言うから、いじめっ子に髪の毛を引っ張られたり、蹴《け》られたり、唾《つば》を吐かれたり、ズボンを脱がされたり、いじめっ子グループのカバンを持たされたりしたことを話しました。すごくみじめなことを、勇気をふりしぼって話したのに、担任は次の日のホームルームの時間に、クラスみんなの前で、僕がいじめられていることを話したんですよ。そのうえ、いじめっ子たちに直接、『本当にいじめているのか』と聞いた。いじめっ子たちは、『いじめていません』って答えた。そんなの認めるわけない。僕はその後、股間《こかん》を蹴られて、『チクリの豚野郎』というあだ名をつけられた。それから陰湿《いんしつ》ないじめがエスカレートしていったんです。大人は信用できない。結局助けてくれるどころか、僕を追い詰めた」。さらに、いじめられていることを知られることについて、「人前でみじめな自分をさらされるのはごめんだ。死んだほうがマシだ」と言いました。

大津の自殺した少年は、死後、壮絶ないじめを受けていたことを日本中の人々にさらされてしまいました。たとえ「正義」のためとはいえ、彼はそれを望んでいたでしょうか。

いじめを受けて深い傷を負ったなら、すぐさま動かずにじっとうずくまることです。そうしなければ、こころや身体は回復しません。いじめに限らず、不登校、引きこもりも動かずにじっとうずくまることで回復していきます。彼にはそうやって、安心して傷を回復する居場所がなかったのではないでしょうか。傷だらけでも学校に行かなければならなかった彼の無念さを思うと、胸が締めつけられ、やりきれない思いがします。

動かずにうずくまることは、こっそりと変わるチャンスなのです。「いじめられっ子」の自分のままでは、たとえ今の「いじめっ子」を排除できたとしても、また次のいじめっ子のターゲットにされてしまうかもしれません。それでは、安心して生きていくことができません。常に怯《おび》えながら人と関わっていては、本来の能力を発揮することができないのです。

いじめられない自分に変わらなければなりません。それは「他人に生まれ変わる」ということではなく、本来の自分を取り戻すということなのです。なぜなら、生まれながらに「いじめられっ子」だった人はおそらくいないからです。

親の不平・不満・愚痴《ぐち》は
子どものこころの「毒素」

先に紹介した事例のクライエントは、その後セラピーを受けながら、自宅では引きこもり、うずくまって過ごしていました。まさに、暗闇《くらやみ》の中での引きこもりです。彼の家族は、周囲（親族、地域など）の人から、「怠《なま》け癖《ぐせ》がつく」「太陽の下に出せ」「保健室登校でもいいから学校に行かせろ」と非難されていました。これらの批判は、「教育」という名のもとに、現在も不登校、引きこもりの家族に向けられているものと何ら変わりはありません。けれども、彼の母親もセラピーを受けていたので、かろうじて「家族の窓口」となって、息子を守りました。

彼はセラピーを受けていくプロセスの中で、なぜ自分は「いじめられっ子」になっていったのか、少しずつ自覚していきました。彼は人と関わるとき、常に自分の内側から不安がこみ上げていたのです。

彼の母親も不安が強い人でした。母親は、彼がまだ乳幼児の頃から、不平、不満、人の悪口を聞かせていました。それらは子どもの「こころ」の中に入ると、「毒素」になるのです。毒素によって、こころの基礎が炎症や傷やひび割れを起こすと、支えが不安定になってしまいます。その結果、外側に「不安」が表出してくるのです。

彼はセラピーの中盤に差し掛かる頃、次のように話しました。もうこの頃の彼からは、以前のような怯えは消失していました。

「母親は不安定で、僕が慰《なぐさ》めなければならなかった。父親は一見暴君で、でもいざとなると逃げてしまう。

僕がいじめられて学校に行き渋った頃、『男は強くなきゃだめだ。やられたらやりかえせ』と繰り返し言われて、それで空手を習って、強くなろうと思った。でも、それがかえっていじめっ子たちを刺激した。『調子に乗るな』とボコボコに殴《なぐ》られた。僕は学校にも家にも安心できる居場所

がなかったんです」。

そして何と、セラピーも終盤に差し掛かる頃には、かつてのいじめられっ子の言葉とは思えないことを語るようになりました。

「いじめっ子にばれないように、どんなに不安を隠そうとしても、ばれていたと思う。今ならわかる。僕もかつての僕がそばにいたら、理屈抜きでいじめてしまうかもしれない。それくらい、イライラさせていたと思う。いじめられていた頃の自分は嫌い。二度とあんなみじめな自分にはなりたくない。今の自分のほうが何倍も好きです」。

彼は十分に引きこもり、不安表出の基礎にある病理を自覚することで、徐々にこころが回復していきました。人と関わっても、怯えも不安もなくなり、二度といじめられることはなくなりました。

彼はいじめによる自殺をすることなく、引きこもっている間に、こころを回復させることができたのです。このプロセスは、背景にいじめがない不登校、引きこもりの回復の場合も全く同じです。

回復したのちの彼は高校卒業の認定試験を受けてから、大学に入学しました。大学では優秀な成績を取っています。何よりも学友たちと楽しく大学生活をエンジョイしていることが、彼の回復を物語っているのです。卒業後はもともと好きだったパソコン関係の仕事に就きたいと、目を輝かせて話しています。同級生と比べると引きこもりの期間のブランクがありますが、おそらく将来は、（いじめられっ子だった）当時の同級生の中でも、トップクラスで（社会で）能力を発揮していくことでしょう。ブランクは、こころが回復さえできたら、いくらでも取り戻せるのです。

2 「いじめ」に潜む〝こころの傷〟

（いじめっ子の事例）

大津のいじめ事件をうけて、「いじめられっ子」についてお話ししてきました。だからといって、「いじめられる側にも原因がある」という早計な視点では、本質的な問題の解決にはなりません。いじめの背景には、「いじめっ子」「いじめられっ子」双方に問題があることは明らかです。ここでは、「いじめっ子」について考えていきたいと思います。

大人が変わらない限り「いじめ」は増え続ける

「いじめ」が社会問題になってから、一体どれだけの年月が流れたでしょうか。「いじめ」は、今の子どもたちだけが苦しんでいる、今に始まった問題ではありません。親世代が子どもの頃には、すでに「いじめ」は社会問題になっていました。

戦後、急激な高度経済成長によって変化した、社会的要因が、子どもたちのこころに色濃く影響を与えたのは言うまでもありません。食うや食わずの時代から百八十度転換し、子どもに十分な教育を施すという一見理想的とも見える豊かな時代になりました。しかし、皮肉にもその豊かさと比例して「いじめ」が横行するようになってきたのです。

世間では、「いじめをなくそう」というスローガンのもと、「いじめ」がいかに悪いことかという教育的取り組みが長年にわたって行われてきました。

しかし、その結果、「いじめ問題」は解決されたでしょうか。

大津のいじめ事件は氷山の一角にすぎません。日本列島津々浦々で、今この瞬間も「いじめ」は横行しているといっても過言ではないでしょう。

では、なぜ「いじめ」はなくならないのでしょうか。

それは単純なことです。大人たちが「いじめっ子」をつくり出しているからです。残念ながら、それを大人が自覚していないことに大きな問題があるのです。

大人自身がそれを自覚して変わらなければ、おそらく「いじめ」がなくなることは未来永劫《えいごう》ないでしょう。大人が「子どもを変えよう」としている限り、「いじめ問題」の解決はないのです。

大津のいじめ事件の「いじめっ子」を擁護《ようご》するつもりは毛頭ありません。しかし、やみくもに加害者側を非難するだけでなく、なぜ「いじめっ子」がいなくならないのかについて本質的に理解することが、私たち大人にとっての義務だと感じています。

私のクライエントで、小学、中学、高校と長年にわたって「いじめっ子」のリーダーだった女の子は次のように話しました。

「〝いじめは悪い〟って百も承知です。子どもは誰だって知っている。大人が、〝いじめは悪い〟ということを知らない子どもがいると思っていることのほうがびっくり。説教する教師の顔を見ながら、いつも思っていた。『こいつ、頭、大丈夫か？』。どんだけ説教したって無意味だってなんでわからないんだろう。『いじめは悪いことだ。やってはいけない』って、耳にタコができるくらい聞かされてきたけど、馬鹿じゃないの？　なんでいじめをするのかって、大人にわかってもらおうと思ったことなんかない」。

いじめが悪いことだからこそ、いじめるのだとも言えるでしょ

う。大人が「いじめは悪い」と叫べば叫ぶほど、皮肉にもいじめは増えていくのかもしれません。

親の過剰な期待に追い詰められたこころが「いじめ」を誘発させた

彼女は、粗暴で大人の言うことをきかない、いわゆる「不良」という、かつての「いじめっ子像」とは違います。それどころか、成績は学年で常に十位以内に入るほどの学力的に優秀な生徒でした。容姿も美しく、声もきれいです。経済的にも裕福な家庭に育ち、幼い頃から、ピアノ、クラシックバレエ、英会話、書道など、習い事をたくさんしていました。そのことについて、彼女は次のように訴えました。

「物心ついたときから、家で〝のほほん〟としたことがない。習い事に行かされて、時間に追われて、次々に結果を出さなきゃならなかった。いつしか、私は両親を喜ばせるためだけのロボットになった感じ。感情なんか、どこかに行ってしまって、自分が何者なのか、さっぱりわからなくなっていった。わかりますか？　私に人間の自由なんかないんですよ」。

このように話したときの彼女の顔は苦痛にゆがみ、今にも泣き出しそうな表情になりました。私は彼女がなぜ「いじめ」をやめられなかったのか、その苦しみの一端を垣間見《かいまみ》たような気がしました。

「私は小学校一年生のときから『いじめっ子』だから、キャリア組ですよ。でも、幼稚園のときまではいじめなんかしてなかったし、それどころか、優しいほうだったと思う。だから、生まれたときから『いじめっ子』だったんじゃない。誰が好きこのんでいじめっ子なんかになるもんか」。

彼女の両親は社会的に地位の高い職業に就い

ていました。経済的にも恵まれていましたが、一人っ子の彼女にのしかかる期待の大きさは、尋常《じんじょう》ではなかったのです。

「社会的に立派だって思われている両親を持った私の気持ちわかりますか？　立派っていったって、人格者かどうかは別問題。あの……、言ってもいいのかな。世間ではね、両親は『おしどり夫婦』みたいに思われているけど、嘘。私が小さいときから『仮面夫婦』なんですよ。だってね、立派な父親にさ、愛人がいてさ、そんでもって、母親が、『あなたのパパはよそに女をつくって……』って、幼い私を責めてきた。なんで？　私に責任があるの？って思ったけど、母親の機嫌をとらなきゃと思って、『ママ、元気出して。私がついているから』って言って慰めていたの。いじらしいでしょ。子どもの私がね、精一杯母親を支えたわけ。今思い出してもムカムカしてくる。本当はね、〝私に寄りかからないで〟って叫びたかった」。

いじめっ子の「キャリア組」と自ら言った彼女が、幼児のように泣き出しました。

「あの人（母親）は嫉妬《しっと》の塊《かたまり》だった。それを隠すように、見栄ばっかりはって、私を自分の思い通りにする人形にして、自分の欲望を満たしていた。私の気持ちなんか、ちっともわかってくれたことなんかなかった。私、本当は父親のこと好きだったんです。母親より遊んでくれたから。でも、父親と仲良くすることは母親を裏切ることになるから、父親に甘えたことがない」。

彼女は「いじめ」について次のように打ち明けました。

「こころはもうパンパンに張り詰めていて、学校でいじめるのは誰でもよかった。何が原因かなんてない。〝いじめられっ子〟って何も悪いことなんかしてない。逆に悪いことしている子って、いじめることが難しい。いじめやすいのは、まじめな子。それで、どこか怯えていて、不安そうな子。明るく振る舞っている子もいじめのターゲットにしやすい。だって、イラっとするから。本当は明るくないくせに演技してんじゃないって、頭にきちゃうの。無性に痛めつけたくなるんです。中毒症のように止められない。私はいじめ中毒だと思う」。

さらに彼女はいじめの実際について話しました。「私は直接手をかけたことってありません。私が計画を立てて、(いじめグループの)実行犯に任せる。それを私は傍観者のように見ているわけ。いじめられっ子の苦痛の表情が痛快でこころの痛みが消える。私のこころの痛みと同じくらい傷つけずにはいられない」。

自分の身体を傷つけて、こころの痛みや不安を感じなくさせる行為に、リストカットがありますが、いじめは、自分の代わりに他者を傷つけていて、自分のこころの痛みを感じなくさせる作用があるのかもしれません。

いじめの実行犯との関係についても語りました。

「あの子たちは、どちらかというと、成績が良くなくて、経済的に貧しい。そんな彼女らに私は宿題を見せてあげたり、買い食いするときは、おごってあげたり、それなりに面倒を見ているから、私に逆らう子はいなかった。いじめられっ子より、優越感を感じていたんじゃないかな。『いじめグループ』っていう仲間がいて、それだけで居場所があるから」。

そして、いじめの手口も懺悔《ざんげ》のように告白しました。

「小学校のときは、ランドセルや靴を隠したり、机の上に『わたしはばかです』っていたずら書きしたり、髪の毛を引っ張ったり、蹴ったり、足を引っかけたり。中学生のときは、カッターで落ち武者のように髪の毛をバッサリ切ったり、体育の時間に制服を隠したり、クラスのみんなでシカト（無視）して、笑いながら陰口言ったり、太っていたいじめられっ子に『豚は臭いから死ね』と言ったこともあった。本当は豚って臭くないらしいけど……。高校では、修学旅行の旅館で服をみんなで脱がして裸にして、写メを撮って、布団も全部取り上げたこともあった。学校の先生にチクられたら、ふざけていただけって言うつもりだった。学校のその子の机の上に『私は生きている価値はありません』って書いた。それでもその子が学校に来ると、みんなで『早く死ね』と言って手を叩いたこともありました。でも私は怖くなって、〝もう来ないで〟ってこころの底で叫んでいた。だって、いじめは理性では止められなくて、強い刺激を求めてどんどんエスカレートしていくんです。どうしようもない習慣性があると思う」。

子どものこころを傷つけないことが「いじめ」を予防する

自らを「いじめ中毒者」と言った彼女は、このときから、終始泣きながら話すようになり、自分がどれだけ人を傷つけてきたのか、そして、自分もどれだけ大人たちから傷つけられてきたのかを、その傷の痛みから逃げずに自覚していきました。

彼女は「いじめっ子」である自分から、本来の自分を取り戻す作業に集中するため、自宅に閉じこもりました。このプロセスは、「いじめられっ子」と全く同じです。つまり、閉じこもって取り組むということは、不登校、引きこもりの回復に向けたこころの作業と共通しているのです。しかし、先の事例では母親もセラピーを受けて、子どもを外から守りましたが、彼女の母親はセラピーを受けることをせず、ひたすら彼女に学校に行くことを強要しました。そして、彼女が不登校になると、半狂乱になって嘆《なげ》き悲しみ、彼女を責め立てました。

それでも彼女は、家族に理解者がいない中で頑張りました。母親に自分のこころの状態を理解させるために、今までどんないじめをしてきたか、母親に勇気をもって告白することにしました。そして、今の状態で学校に行くとまたいじめをしてしまうこと、いじめをしなくても生きられるように治療をして、健康になったらまた学校に行きたいと、母親を説得したのです。

母親は、ずっと自分の言うことを聞く「良い子」だった娘が、信じられない告白をしたことに衝撃を受け、ショックのあまりしばらく寝込んでしまいましたが、一年後には母親もセラピーを受け始めました。母親自身も幼少の頃から、こころが傷ついていたのです。

母子ともに治療が進むと、新たな親子関係が生まれてきました。娘は母親から重い期待を押しつけられることがなくなり、家は、お互いがゆったりとこころの疲れを癒《いや》す居場所となりました。

彼女は「いじめっ子」のキャリア組から、自然に手を切ることができました。セラピーの終結間際には、次のように語りました。

「私は両親の前では『良い子』で、学校では『悪魔』でした。その両極端を行ったり来たりしてバランスをとっていたけど、『いじめ』はこころの痛みを麻薬のように麻痺《まひ》させる対症療法でしかなかった。私は疲れきっていたんです。でも今は、たとえ〝いじめをしろ〟と言われてもできそうにありません。無理です。どうしてって、人をいじめると自分のこころが痛くなる気がするから。だからできない」。

彼女はいじめをしなくても生きられるようになることが目標でしたが、それを超えて、いじめることができない状態になったのです。「いじめ中毒」を克服した彼女はかつていじめてきた同級生たちに、許されるならいつか謝罪をしたいと言いました。

「いじめられっ子」と「いじめっ子」は、外側から見ると全く正反対の立場です。「被害者」と「加害者」、「善」と「悪」というような「対極」に位置づけられています。しかし、これまで見てきた通り、この相対する「いじめられっ子」と「いじめっ子」は、本質的には子ども同士の問題ではなく、その背後には大人の問題が横たわっており、どちらも大人に傷つけられている「被害者」なのです。

次の「いじめ事件」を予防するためには、一人でも多くの大人たちが、このことに気づき、子どもを傷つけない自分に変わることです。それ以外に、本質的に「いじめ」を予防する方法はないといっても過言ではありません。

大津市は、日本神話に出てくるスクナビコナがやってきた町だと言われています。スクナビコナは、神々の時代、日本の国づくりを手伝った子どもの神です。そのような子どもの神が現れた神秘的な町で、痛ましい子どもの「いじめ事件」が起きたことに胸が張り裂けそうな思いがします。二度とこのような悲劇が起きないように、私たちは子どもの気持ちが本当にわかる大人に変わらなければなりません。

3

現実が混乱し荒れるほど安心する〝こころの中の災害〟を抱える子どもたち

甚大な被害をもたらした東日本大震災。被災者やその家族のことを思うとき、誰もが一刻も早い被災地の復興を願い、祈っていると思います。

しかし、目には見えないこころの中に（災害の被害と同じような）傷を負った子どもたちの目には、こうした大きな災害はどのように映るのでしょうか。

現実に起こった震災と〝こころの中の震災〟

二〇一一年三月十一日午後二時四十六分、三陸沖でマグニチュード九（日本国内観測史上最大）の地震が発生しました。太平洋側を中心に広い範囲を襲った巨大地震は複数の震源域が連動し、甚大な被害をもたらした想定外の地震でした。

巨大な津波が、運転中の車や民家などを飲み込み、美しく整備された農村地帯を黒々とした濁流《だくりゅう》が内陸へと浸食する場面が、テレビで中継されました。まるで映画のワンシーンを見ているかのような錯覚《さっかく》にとらわれた人は数知れないでしょう。「これは現実に起きていることだ」と我に返ったときに、胸を裂かれるような痛みを感じたに違いありません。

被害に遭《あ》い、お亡くなりになった当事者である方々は、その瞬間何を思ったでしょうか。まさか、今日自分が死ぬとは思っていなかったのではないでしょうか。明日の予定、来週の計画があった方がほとんどでしょう。今日、帰って家族と何を話そうかとイメージしていたかもしれません。今夜は、恋人と「食事をしよう」と約束していたかもしれません。思わぬ災害に遭い、息を引き取るまでのわずかな瞬間に、生まれてから今日までの人生の映像がフラッシュバックされていたかもしれません。何の罪もない方々が突然に襲われた悲劇による無念さは、決して言葉に表すことなどできないことでしょう。

私は映画『タイタニック』のワンシーンを思い出しました。この映画は、災害ではありませんが、豪華客船が巨大な氷山に衝突し、冷たい海に沈んでいくという現実に起こった悲劇を舞台にしたものです。画家志望の貧しい青

年と上流階級の娘との悲劇的な恋愛を描いたものですが、青年が冷たい海水の中で死んでいくときのあの映像と重なるような気がします。未来の夢を残して死んでいった彼の無念さが、スクリーンを通して伝わってくるようでした。

被害に遭った方々の数だけ切実な「現実」があるでしょう。そして、当然のことながら、今回の震災は映画やドラマ、テレビゲームのワンシーンではありません。

被災地で助かった方々も、震災の恐怖体験がこころに大きな傷を残すかもしれません。阪神・淡路大震災のときに、PTSD（心的外傷後ストレス障害）が話題になり、こころのケアが叫ばれました。人は現実の震災被害にはこころの傷の治療の必要性を感じるようですが、目に見えない"こころの中の震災"に対しての理解は十分ではないように思います。

この本が発売された頃もまだ、震災の爪痕《つめあと》が色濃く残っているでしょう。もしかすると、まだ余震が続いているかもしれません。人々の記憶に生々《なまなま》しい映像が残っている今だからこそ、どうしても、震災のない平穏な日常に過ごしていながらも〝こころの中の震災〟に苦しんでいる子どもたちの叫びを代弁し、彼らの痛みにも理解をしてもらわなければならないと感じているのです。

悲惨な状況を前にすると出る〝こころ〟の叫び

「(代理人による)ミュンヒハウゼン症候群」の母親を持つ若い女性で、ボーダー(境界性人格障害)傾向のあるクライエントが、震災が起きた直後の面接で、こんな本音を語りました。

「あそこ(被災地の現場)にいたら、私も死ねたのかな、と思ってうらやましかった。今までニュースなんて見なかったけど、今はニュースばかり見ている。不思議と落ち着く。この震災は惹《ひ》き込まれる」。

内側(こころ)で日常的に災害が起こっている人は、平和で幸せな映像を見ているほうがザワザワと不安になり、外側（日常）が悲惨であればあるほど、落ち着くのです。

さらに彼女は「誰にも言えないけど、もっとひどくなればいいのに、と思う。余震がくるたび、ここもいっそ崩壊すればいいのに、と思う。でも、すごい被害の映像を見て、こんなこと考えたらいけないんじゃないか、って罪悪感を覚える。いっそ戦争になったら、みんな毎日生き延びるだけに必死になるから、苦しむのは私だけじゃなくなる。みんな平等になる。現実になっちゃえばいい、って思ってしまう」と。

こころの中で災害が起こっている人は、平和な世界では

生きにくい状態になっています。皮肉にも戦争や災害などで混乱し荒れる世界のほうが生きやすいのです。

重度の強迫神経症とうつに苦しんでいる十代の男の子は震災直後、次のように語りました。

「自分もあっち（被災地）にいたかったですね。死にたかった。東京に地震が来たときも、死ねたらなぁ、と思いました。別に死ぬのは怖くない。それどころか、早く死にたい」。

彼も〝こころの中の震災〟に苦しんでいました。自殺願望が強いため、外側（日常）の震災に巻き込まれたかったのです。

被災地の女性は次のように語りました。

「非常時っていろんなものがそぎ落とされるから、シンプルになって、生きることだけに必死になる。自分がどうでもいいことにとらわれていたことに気づいた。よく、震災で逃げまどう夢を見ていたのに、震災の日から全く見なくなった」。

彼らのこころの叫びを、単なる不謹慎《ふきんしん》な言葉だと思わないでください。誰もが震災から逃れたいのと同じく、彼らも目に見えない〝こころの中の震災〟から逃れるため、また回復するために必死なのです。そのことを少しでも理解していただきたいと思っています。

今、現実に起きている大災害の悲惨さが、彼らにとって「喜び」や「安心」ではなく、「恐怖」や「苦しみ」や「悲しみ」であることを人間らしく感じられるように、そして被災された皆様に一日も早い平穏な日常が戻るように、こころから願っています。

4 「しつけ」という名の虐待によってこころの自由を奪われた子どもたち

罪のない七人の命が奪われ、十人が負傷した「秋葉原無差別殺傷事件」。二〇一一年三月二十四日、被告に、東京地裁で「死刑判決」が言い渡されました。日本中を震撼《しんかん》させたこの事件を起こした被告のこころはどのような世界だったのでしょうか。

孤独を癒す〝居場所〟になるネットの世界

二〇〇八年に秋葉原の歩行者天国（東京都千代田区）の交差点に二トントラックで突入し、五人をはねて三人を死亡させ、さらにダガーナイフで十二人を刺し、四人を死亡させた通り魔事件が発生しました。メディアにおいては、「秋葉原無差別殺傷事件」として報じられています。

日本中を震撼させた事件の犯行の動機は「たくさん人を殺せば死刑になれるから」というものでした。そして、東京地裁で、裁判長は「人間性の感じられない残虐な犯行」と述べ、求刑通り死刑を言い渡しました。

通りすがりの何の関係もない人が、突然殺されてしまった無念は、計り知れないものでしょう。被害者やその遺族からすると死刑判決は当然かもしれません。

今後、このような悲劇が再び起こらないようにするにはどうしたらいいのでしょうか。監視カメラやパトロールの強化だけでは解決しないのは言うまでもありません。私たちは、この事件を単なる「ネット社会の弊害《へいがい》」と片づけてしまわず、加害者のこころの世界がどのような状態だったのかを、もっと本質的に理解しなければならないでしょう。

被告は「ネットの掲示板は自分が自分でいられる場所であり、そこに書き込みで答えてくれる人は家族同然だった」と述べています。この話から被告には本当の意味での居場所も家族もなかったことがわかります。ネットの掲示板に仕事の不満などを書き込んでいたという報道もありましたが、被告にとって、ネットが唯一本心を語れ

る場所であったなら、ネット社会が有害だとなぜ言えるのでしょうか。人間関係が持てない、現実社会とつながりが持てない人にとって、少なくてもネットの世界は、一時であれ孤独なこころを癒してくれる場所であったはずです。

　職場の同僚だった男性は「被告は決して特異な人間ではなく、仕事にも一生懸命で、アニメやゲームに熱中する普通の若者だった」と証言しました。「アニメ悪」「ゲーム悪」を指摘する大人もいるようですが、実はアニメやゲームというファンタジーによって、衝動的な行動が予防されている側面も多いのです。

　しかし、被告は子どもの頃にこうしたこころを解き放つファンタジーの世界を母親によって禁止され、禁欲的な生活を強《し》いられてきたために、癒される経験をしていなかったことが、実の弟の発言からわかっています。

〝透明人間〟のこころは究極の〝孤独の世界〟

この事件に類似した犯行を起こしかねない状態にある子どもたちは、例外なく母親との「関係」に何らかの問題があります。なぜならば母親との関係がのちの人間関係の基礎や土台となるからです。

秋葉原事件の犯人の予備軍とも言える状態で面接に訪れた二十歳代男性のクライエントは、強い衝動が起きる場面について、次のように話しました。

「自分は子どもの頃から居場所がなかった。自由もなかった。友人もいない。人と関わるのが怖くて社会にも出られない。気が狂いそうな孤独感と不安に押しつぶされそうな感じになる。そんなとき、同世代の楽しそうな笑い声が外から聞こえると、殺意が湧いてくる。気づくと手に包丁を持っていたことがあった。その人たちを全く知らないけど、殺したら自分がここに存在していることを証明できるような気がする」。

彼は、自分自身のことを「透明人間」と言っていました。たとえば、「街中のティッシュを配っている人から、一度ももらえたことがない。他の人たちには次々と渡している」と訴え、「ティッシュ配りの人からも自分は見えていない。自分は透明だ」と言うのです。

もちろん、彼が本当に透明人間なのではありません。きっと、通り過ぎるときに異様な雰囲気《ふんいき》があったのでしょう。ティッシュを配っている人は、一瞬怖くなり、渡せなかったのではないでしょうか。セラピストは、そのように指摘しませんが、面接を重ねるうちに、彼は自分の姿を自覚できるようになっていきました。そして「自分

は人が怖い。だから、怯えた犬のように、威嚇《いかく》しながら歩いていた。たぶん、そんな自分を周りは怖がっていたのだと思う」と語りました。

また、引きこもりの三十歳男性は「誰かに助けを求めたい。自分の存在を感じたい。思えば、子どもの頃からずっと不安だった。頭がおかしくなってしまう感じになる。この世で一人ぼっち。発狂しそうになるくらいの孤独感。母親には厳しくしつけられた。子どもの頃、漫画本やゲームなど、ろくでもない人間になるからと取り上げられた。周りの子たちは、ファミコンをやったりしていたのに、禁欲的で極端な道徳主義にさせられた。母親からは常に干渉されていたのに、求めているときには無視をされた。成績が悪いと、ののしられた。自分は誰からも見えない。世の中に自分の存在がない。学校では、いじめられていても不登校にもなれなかった。街を歩いていると、オカルト的な頭になって、楽しそうに歩いているグループや、幸せそうに手をつないで歩いているカップルを見ると、背中を刺したくなる衝動にかられることがある。そうしたら、自分の存在を確認できるような気がする」と語りました。

二人はその後、破壊衝動がなくなり、幸いにも実際に犯行に及ぶことはありませんでした。セラピーで彼らの苦しみの声を聴くことが犯行の予防になったのだと思います。

彼らに共通しているのは、母親から厳しくしつけられたことです。しかし、「しつけ」によって子どもが自由な〝こころの世界〟を剥奪《はくだつ》されるのでは、それは「しつけ」ではなく虐待です。私は決して被告を擁護しようとは思っていません。けれども、彼らが生まれながらにして犯行を起こすことを望んでいたわけではないことを、多くの方に知っていただきたいのです。

5 「記憶がない」間に起こる自分だけが知らない悲劇

もしも、自分がした行為を〝自分だけ〟が知らないとしたら、人はどのような気持ちになるのでしょうか。「解離性同一性障害」の患者にはそうした現象が生じることがありますが、一般にあまり知られておらず、また医療や心理の専門家でも正しく診断することは難しいのです。

病気などによって起こりうる「記憶がない」現象

二〇一一年四月十八日、栃木県鹿沼市で登校中の小学生の列にクレーン車が突っ込み、六人が死亡しました。運転手は、事故の記憶がなかったと供述。その後の調べで三年前にも人身事故を起こしており、てんかん発作が原因だったと言われています。

確かに「てんかん性障害」には、記憶機能が欠落する症状が含まれています。この事故とは直接関係はありませんが、「覚えていない」という現象は、その他の疾患にも起こります。たとえば「解離性障害」の一つ「解離性同一性障害」という病気です。

「解離性同一性障害」には、主人格が別人格に交代するものと、しないものがあります。一般に「覚えていない」という現象は、主人格が記憶のない間に、別人格が行動して起きるものです。

たとえば、主人格は車の操作の仕方がわからなくても、副人格（別人格の中の中心的存在）は運転が得意、ということはたびたびあります。副人格が運転をしている間の記憶は全くないのです。知らない間に事故を起こし、ぶつかった瞬間に主人格に戻る場合が多く、また、その逆もあります。しかし、この病気は一般に理解されていないので、本人がいくら訴えても信じてもらえず、二次的な被害に遭う場合も多いのです。

私は、解離性障害（特に、同一性障害）のクライエントには、車の運転や機械を使う仕事はしないように伝えています。また、記憶がないときに起こりうるのは事故だけではなく、自殺もあります。信じがたいことかもしれませんが、自分へ向かって自分の中の別人格が殺人者になることがあるのです。

ある解離性障害の四十歳代の女性が、インテーク面接（主訴《しゅそ》を中心とした情報を収集するために最初に行われる受理面接）中に、切々と訴えていたことが強烈な記憶として残っています。彼女は二度目の自殺未遂後、身体も回復し、偶然私の本を書店で見つけて、駆け込むように来室しました。

彼女は「私は二度自殺未遂を繰り返し、病院に搬送されて、たまたま助かったのですが、私は自分が自殺をしたことを全く知らないのです。気づいたら、病室の天井が見えて、私はベッドの上にいました。意識が戻った私に、心配した家族から私が自殺をした、と聞かされ、びっくりしました。だって、私は全く覚えていません。それに、私は死にたくないんです。『うつ病だから、死にたくなるんですよ。正気に戻ったら死にたくないんですね』と語る主治医も、その話だけを信じる夫も全く私を理解しようとさえしてくれない。いくら訴えてもわかってくれない。もしも三回目に目が覚めなかったら、私はどうなるのでしょうか。そのとき

は、本当に死んじゃう。怖くて、怖くてたまらない。私は死にたくない。どうか助けてください」と、泣きながら必死に訴えていました。

主治医はうつ病と診断しました。本人が「自殺しようとしたことを知らない、死にたくない」と訴えても、主治医には「解離性同一性障害」という選択肢はなく、抗うつ剤を投与するだけだったのです。彼女が治癒《ちゆ》するためには、こころの中の子どもの傷を回復させる必要がありました。

誰にも信じてもらえない〝孤立〟の苦しさ

しかし、彼女が私のセラピーを受けられるまでしばらく待つ必要がありました。すると彼女は「何年でも待ちます。セラピーを受けたい。私は死にたくない。助けてください」と、「待機者リスト」に登録して待つことを承諾してくれていたのです。彼女とはそのインテーク面接が最後になりました。

後日、彼女の夫から絶望的な内容の連絡がありました。「妻が亡くなりました。うつ病で首吊り自殺をしました。妻は本当に死にたかったのですね。薬を強くしていたのに、夫として妻を助けてあげられなかったのは、私の力不足のいたすところで申し訳ない。先生が一度でも妻に会っていただいたことをこころから感謝しています。妻の分も子どもを育てていきます」。

私は目の前が真っ暗になりました。「二度目にもしも目が覚めなかったら、死んでしまう」と訴えていた彼女の不安が現実になったのです。

私は力になれなかった罪悪感で苦しみました。こころの中に、あの切実に訴えかけた彼女の叫び声が鳴り響き、夢の中にも「死にたくない」と叫ぶ彼女が現れ、しばらくこの出来事は、誰にも話すことができませんでした。彼女の夫にも真実を伝えることはできませんでした。うつ病で自殺したと思っている夫はどれだけ傷つくでしょうか。

どんなに訴えても信じてもらえないと人間は本当に孤立してしまいます。「孤立」の心理状態を考えるとき、私はアメリカ映画『フライトプラン』を思い出します。

ジャンボ旅客機の中でジョディ・フォスター扮するヒロインが仮眠する間に、忽然《こつぜん》と最愛の娘が姿を消す、というストーリーです。

娘を目撃した者がおらず、搭乗記録にも娘の名前がなかったため、ヒロインが妄想《もうそう》を語っていることにされてしまいます。印象深いシーンは、たまたま同乗していたセラピストとの会話の場面です。セラピストと話すうちに、知的で精神力の強いヒロインでさえも、娘と搭乗したことは妄想だと思わせられてしまうのです。このとき、観客もそう思ったかもしれません。ところが、娘が窓に息を吹きかけて描いたハートを見つけた瞬間、ヒロインも、そして感情移入していた観客も、妄想ではないと確信するのです。そして、孤

立無援の中、犯人を相手に命がけで戦い、娘を救出することができました。

この映画はハッピーエンドでしたが、先の事例のような悲劇を繰り返さないためにも、「記憶がない」という訴えも真実である可能性があることを、私たちは知っておく必要があると思います。

6 「つらい記憶」を忘れるために切り離した〝こころ〟

もし、自分の中に〝別人格の自分〟がいて、あるとき突然入れ替わり、記憶がない間に行動をしていることを知ったとしたらどれほど不安になるでしょうか。

前回は解離性同一性障害について触れましたが、ここでは、「記憶がない」間に起こる悲劇を繰り返さないために、予防ができた事例を取り上げたいと思います。

主人格と副人格と別人格がグループとなって犯行を起こす不安と恐怖

「解離性同一性障害」は昔、「多重人格」と呼ばれ、『ジキル＆ハイド』という映画の主人公のように、主に主人格と副人格が交代するものが報告されていました。しかし、前回ですでに述べたように、現在では主人格と副人格の交代だけでなく、主人格や副人格や別人格がグループをつくったり、コミュニティをつくるものもあり、多岐にわたっています。

十四歳の不登校の女の子は、「解離性同一性障害」でした。彼女は自分の記憶がない間にさまざまな問題行動をしていました。彼女の「解離性同一性障害」の状態は、交代人格と入れ替わる場合と人格同士がグループになる場合との二通りがありました。人格が交代しているときは、主人格には記憶が全くありません。その間に自傷行為を繰り返していたのです。部屋のノブに紐を巻きつけて首を吊っていたり、お風呂の中でカミソリで手首を切ったりしていました。首吊りをしたときは、息が苦しくなり意識が戻ったので助かりましたが、風呂場での自傷行為は、相当に深く手首を切っていたのに全く痛みを感じず、気がついたときには血の海だったといいます。幸い命に別状はなかったものの、一歩間違えると死んでしまったかもしれません。

解離は「こころの傷の痛みを切り離す」という側面がありますが、こころだけではなく、身体の痛みも感じないことがあるのです。そして恐ろしいことに、こうした行為中の記憶は、主人格に戻ったときの本人には全くありません。

さらに彼女の場合は、主人格が副人格や別人格に交代する時、その前に

「殺せ。殺せ」と言う男の声が聞こえ、その声に操作されるように人格が切り替わっていたことがわかってきました。彼女の中に殺人者の男がいたのです。その殺人者が別の人格に命令して、主人格を殺そうとしていました。

人格同士が仲間になり、それぞれが役割を果たして、驚くような行動をしていたこともわかりました。彼女は深夜にこっそり外出して見知らぬ家に不法侵入したり、車上荒らしをしたりといった犯罪行為をしていました。また日中は文房具屋さんやスーパーなどで万引きもしていました。不思議なことに、レンタルショップでビデオテープを万引きしても、彼女は一度も捕まったことがありませんでした。セラピーの中盤まで、彼女にはそうした犯行の記憶も全くなく、彼女自身が「私は一体どうやって盗んでいるの？」と不思議がっていたのです。

解離症状が良くなってくるとそのメカニズムが少しずつわかってきました。主人格が命令をして、知能の高い副人格が計画を立て、手先の器用な別人格と運動能力の高い別人格が実行犯だったのです。

深い傷から自分を守るために
意識から切り離す〝こころ〟

当時の彼女の知能指数は六十五でした。知的障害のレベルです。ところが、「副人格の知能指数は二百近くある」と、解離症状が良くなったのちに彼女が語っているように、実際に二百かどうかは検査をしなければわかりませんが、相当に知的レベルが高いことは確かでした。針金を使って家や車の鍵をつくるマニュアルを作成したり、ビデオレンタルショップの防犯用ブザーが鳴らない方法を考えるなど、知的な役割を担当したのが副人格でした。そして、器用な別人格の一人が、実際に針金で鍵などをつくったり、ビデオが機械に反応しないような細工をしました。主人格は、肥満のために歩くのも遅く、速く走ることなどできないのですが、実行犯の別人格は俊足で、逃げ足が速く、捕まらなかったのだと言います。グループで協力して犯罪行為をしていたのですが、行為をしているときは記憶があっても、主人格一人に戻ると全く記憶がなくなっていました。

彼女はいつ警察に捕まるかと怯えていました。「きっと、警察官に本当のことを言っても信じてもらえないと思う。私は刑務所に行きたくない」。

彼女には警察に捕まる恐怖だけではなく、死の恐怖もありました。「死にたい、死にたい、って思う。死ぬ前に家族を皆殺しにしたい。死にたいけど、本当は生きたい。だから、自分が知らない間に自分に殺されて死ぬのは嫌《いや》。怖い。この病気を治したい。一人になりたい」。

「一人になりたい」と言うのは、バラバラの人格がそれぞれに動く病理の状態で

はなく、それぞれの人格が統合されてまとまることを言っているのです。

彼女は幼少期から著《いちじる》しい虐待を受けていました。暴力と放置による虐待と性的虐待です。このような深い心的外傷がある場合は、意識からこころを切り離さなければ生きていくことはできないでしょう。むしろ、防衛のための「解離」とも言えるので、能力が高い証明かもしれません。もしも、防衛できないままこころの傷の痛みを感じていたら、重い精神病を発症した可能性もあります。だからといって、そのままでは、彼女がいつどんな犯罪を起こしてしまっても、あるいは自殺してしまっても不思議ではないほどに危険に満ちていました。

解離の現象と彼女の苦しみをセラピストが聴きながら、セラピーのセッションを重ねるたびに、記憶がなかった場面が少しずつつながるようになっていきました。そして、感じなかった傷の痛みを感じ出し自覚することができるようになっていくと、徐々に解離の症状がなくなり、バラバラだった人格は統合されていきました。犯罪も自殺も実行することはなくなり、最終的には、解離性障害の病状をすっかり克服して面接終結を迎えることができました。

それから十年以上経ちますが、解離性障害による症状や行動はリバウンドせず、彼女は現在社会で仕事をして立派に自立しています。

このケース以外にも、解離性障害の病状が消失し、社会で活躍している方が大勢いますが、その方々に共通していることは、病気の症状が重く出ているときは、知的能力も低く、記憶も途切れていることが珍しくないということです。さらに、主人格に記憶がないままにさまざまな問題行動を起こしてしまうことがあり、なかでも自殺や犯罪に関しては、非常に危険だということです。

解離性障害の方の能力は本来非常に高く、精神病発病を解離性障害という病気で防衛しているのだとも考えられます。だからこそ、本人が知らない間に起こる自殺や犯罪などの行動によって悲劇が起きないように、治癒していくお手伝いをすることが必要なのだと思っています。

7 〝世界の中心〟であるべき時期に支え、守られない子どもたち

最近では多くの日本人がこころの病気を抱えています。そのような状態の方々は、他人への〝依存〟と〝見捨てられ不安〟を抱く場合が多く、こうしたこころの状態になる背景には幼少期の親子関係や家族関係に問題があるのです。

本来動物は自殺することはありません。それなのになぜ人間だけが自殺するのでしょうか。

日本では十年以上も、自殺者が毎年三万人を超え、人口十万人あたりの「自殺率」はアメリカの二倍以上で、日本が自殺大国と言われる理由にもなっています。自殺の背景はさまざまなストレスによるうつ病の増加があると言われていますが、単に自殺イコールうつ病としてしまうのはいかがなものでしょうか。

人間が自殺をする理由には、人間の子どもは他の動物に比べて未熟な状態で生まれてくるからだとの指摘もあります。極端に言うと、人間の赤ちゃんはまだお腹の中にいなければならない時間を日常で過ごすことになるので、自我が確立するまで、母親に守られなければなりません。本来動物の母親は子どもを守るものです。ところが、人間の母親は、虐待事件からもわかる通り、自分の子どもを傷つけたり、殺害したりすることもあるのです。これは、人間が他の動物よりも子どもを守る本能が薄れている、あるいは母親のこころの中に大切な何かがない、ということを物語っており、このことも人間だけが自殺する要因になっているのではないでしょうか。

世間では、子どもの頃に〝我慢〟をすると、〝精神力の強い〟大人になる、と言われており、そう思う人も多いと思いますが、本当にそうでしょうか。

他人への〝依存〟と〝見捨てられ不安〟の背景

『小公女セーラ』（フランシス・バーネット作）の物語は、私たちに多くのことを教えてくれています。セーラは生まれてすぐに母親を亡くしましたが、父親からとても大切な存在として守られ、何不自由ない暮らしをしていました。我慢することを知らなかったセーラは、文字通り〝世界の中心〟であり、セーラのこころには〝世界の中心として十分に守られた赤ちゃん〟が内在化されていたのです。

唯一のよりどころであった父親は、セーラがわずか十一歳の時に亡くなってしまいます。それでもセーラのこころの中の〝世界の中心として守られた赤ちゃん〟の存在は変わることはありませんでした。こころの中には守ってくれる〝父親〟が生きていたからです。

このように、たとえ母親（父親）が亡くなったとしても、その母親が本当の意味で、守ってくれる〝母親〟であったのなら、子どものこころには〝母親〟が内在化され、それを外側に求める必要はありません。

しかし、この〝親の守り〟がこころの中に存在しない子どもは、大人になったときに、自分を〝守り〟、〝支え〟てくれる存在を、外側にいる誰かに求め続けることになります。当然のことですが、求めても求めても誰も母親

（セーラにとっての父親）になってはくれません。満たされない思いから、不安と孤独は深まり、ますます傷ついていきます。その結果、皮肉にも幸せから遠ざかることもあるのです。

こころの中に〝父親〟が内在化されていたセーラは苛酷《かこく》な境遇になっても、「私を見て、私のことを大切にして、私のことをわかって」と誰かに依存して、しがみつくということがありませんでした。なぜならセーラのこころの中には〝守り〟や〝支え〟があるからです。人は現実で傷つくことがあっても、こころに〝守り〟や〝支え〟があれば、その傷を治癒させることができます。回復できないのは、こころに〝守り〟や〝支え〟がないことの現れだと言えるでしょう。

子どものこころの問題は、「核家族によるもの」という極端な論調がありましたが、祖父母との同居や、大家族であったとしても、子どもが我慢を強いられている場合は、子どものこころは守られているとはいえません。

特に人格形成の土台をつくる幼少期に、家族の中で〝世界の中心の赤ちゃん〟として存在できないということは、ある意味で人間の権利を奪われるのと同じです。思春期や青年期になって、さまざまな症状が出てくるのは、こころの土台に問題があるからです。土台がしっかりしていなければ、その上にどんなに立派な建物をつくっても、障害に遭うともろくも崩れ去ってしまうのと同じです。

そうした土台が崩れそうになると、他者に対して〝依存〟と〝見捨てられ不安〟が起きてしまい、人間関係に問題が起

きるのです。

子どもにとって大切な〝見返りを求めない〟存在

世界的に有名な絵本に『おおきな木』（シェル・シルヴァスタイン作）があります。二〇一〇年には村上春樹訳も刊行されたので、ご存じの方も多いと思います。

リンゴの木と少年は友だちで、木はその少年が求めるものを惜しげもなく与え続けます。それは少年が老人になっても続き、最後には木は少年にすべてを与えて、切り株になります。そして、木が少年に何かを与えるたびに「木は幸せだった」という言葉が綴られていますが、少年が木に感謝する言葉は一切語られていません。与え続けるだけで少年に感謝もされない木がなぜ「幸せ」なのかと不思議に思われる方もいるかもしれません。

しかし、木に対する感謝や恩返しの気持ちが少年にないことも、木が全く見返りを求めていないことも当然のことなのです。なぜなら、この大きな木は、少年にとっての〝内在化された母〟であり、惜しみなく子どもを支え、守ってくれるものなのです。おそらく大きな木は、少年が天寿を全うして息をひきとるまで支え続けるのでしょう。少年にとっての大きな木は、セーラにとっての『内在化された父親』と重なるのだと思います。人が困難を生き延びるための〝内在化された守り〟は、世代や国を超えた普遍的なテーマではないでしょうか。

第2章
子どもの安全基地としての親のこころ

1 「母子同一化」をはばむ落とし穴

働くお母さんが増えたことは、経済的な理由や雇用機会均等の観点などの時代の流れからも当然のことと言えるかもしれません。しかし、「子どものこころ」「母親のこころ」から見たときに、それにはどのような問題があるのでしょうか。

「母親は自分である」時期にこころの基礎が築かれる

メディアでは「働くお母さんのために保育園を増やせ」ということが叫ばれています。しかし、預けられる当事者は赤ちゃんです。保育園増設に対して、当事者である赤ちゃんの立場からの視点がないのはおかしなことではないでしょうか。

人間の赤ちゃんは他の動物と比べて、非常に未熟な状態で生まれてきます。赤ちゃんは自我が確立されずに生まれてくるため、赤ちゃんにとって、母親は自分でもあり、母親の目や鼻や口などを、自分の部分対象としてとらえているのです。

このような状態を「母子同一化」と呼びます。赤ちゃんは生まれた直後の母親と同一化した状態から始まり、母親を安全基地として、三歳までに徐々に母親から分離していきます。その前に母親から引き離されると、こころの深い領域が「不安」な状態になってしまうのです。建築でたとえるなら、基礎や土台や柱ができていないのに、立派な外壁をつくったとしても、いずれ崩れてしまい、瓦礫《がれき》の山になってしまうのと同じです。

そして、このことは、赤ちゃんにとって大きなダメージとなるだけでなく、母親にとっても、計り知れない〝損害〟なのです。

生まれたばかりの赤ちゃんの不安のない様子を考えると、天から「世界の中心」としての保障をされてこの世に生まれてくるのではないかとさえ思います。「天」といえば、日本の太陽神は「アマテラス」だと言われていますが、ご存じのように、アマテラスは女性の神です。神々の時代は、女性だけでなく男性も赤ちゃんを産めたとされています。しかし、人間の時代では、女性しか赤ちゃんを産めません。これは、もしかすると、アマテラスと関係があるのかもしれません。つまり、天は女性の神が支配しているので、女性に特別な権利を与えてくれたと考えることもできるのです。

深層心理から見れば、赤ちゃんとコミット（関係）することで、母親の

〝内なる赤ちゃん〟も活性化され、無意識が持つ機能に影響を及ぼし、それが老年期になってから、さまざまな形で顕著《けんちょ》に現れるのだと思います。

母親の無意識の中で、その中心にある〝内なる赤ちゃん〟が機能していると、内なるエネルギーが意識に回り、例えばそのことによって感性や理解力など、さまざまな能力が伸びていくのです。

ですから、おおげさと思われるかもしれませんが、赤ちゃんの〇歳から三歳までの三年間は、母親にとっても国家予算よりも価値のある時間といってもいいでしょう。アラブの石油王の総資産を使っても、その時間の価値を買うことはできないのです。

かつて、ある知事（男性）が育児休業を取得したことがニュースになりました。メディアは一斉に、女性にとって朗報のような報道をしています。これは「保育園を増やせ」の論調と共通したものです。

一見、女性の側に立った理解のある声のように聞こえますが、誤解を恐れずに言うならば、どちらも、女性から人生で最も価値のある時間を奪いとってしまう「公」の落とし穴のような気がしてなりません。

子どもを「守り育てる」本能が機能しなくなった女性たち

本来の女性の本能は、赤ちゃんと一緒に過ごす時間が何よりも幸せなはずです。赤ちゃんは皆天才です。一日一日、驚くような変化を見せてくれ、面白い生きたエピソードを山ほど提供してくれます。母親のこころが健康に機能していれば、ワクワク、ドキドキさせられて、赤ちゃんと関わることは、理屈抜きで面白くて仕方がないはずなのです。

ところが、現代の母親の中には、この「赤ちゃんを育て、守る」という最も大切で基本的な本能に、異常をきたしている人がいるのではないでしょうか。

前回のテーマでも触れましたが、虐待《ぎゃくたい》は、まさに、このことの表れと言えるでしょう。

テレビで報道されている虐待は、身体に暴力を振るって殺したり、食事を満足に与えずに餓死させるなど、子どもの被害が外側に現れたものに限っています。

しかし、実際には、無視、差別、支配などの心理的な虐待のほうがはるかに多いのです。これらは、目に見える証拠がないため、虐待をしている大人は逮捕されることも、事件として報道されることもありません。

つまり、メディアで報道されている虐待事件は、氷山の一角でしかないのです。「子どもを愛していない母親はいない。母の愛は海より深く、山より高し……」という、母親讃歌のフレーズがあり

ます。誰もが、「すべての母親がそうであってほしい」という願望を持っていても自然なことかもしれません。

母親が、本来持っている本能を十分に発揮《はっき》して、赤ちゃんを守り育てていくためには、母親自らのこころが健康に機能し、母親の〝内なる赤ちゃん〟が活性化することが必要なのです。「育児は大変」という声がよく聞かれますが、実は「育児」そのものは、生活の近代化によってかつてないほど楽になっているのは周知の通りです。かつては布のおしめを洗うために川で洗濯をしていた時代もありました。しかし、現代人には便利な洗濯機があり、それどころか、紙おむつの普及で洗う必要もないまでになっています。

では、本当は育児の「何」が「大変」なのでしょうか。

2 未解決な「こころの問題」を抱える母親たち

子どもが幼いうちは、毎日の世話だけではなくケガや病気など、お母さんの悩みはつきません。その他にも、子どもの母親仲間の「ママ友」との関係などに、ストレスを感じるお母さんが、最近、増えているようです。

子どもと向き合えず
こころが外側を向く母親の心理

今から十数年前（一九九九年）に、「ママ友」の間で起こった有名な事件があります。東京都文京区で二歳の女の子が、友だちの母親に殺されたのです。何の罪もない幼い女の子を殺害した女性は、その女の子の母親に対して尋《じん》常《じょう》ではない執念を持っていたようです。その心理は、嫉妬《しっと》・羨望《せんぼう》から始まり徐々に憎《にく》しみへと変化していったと考えられます。大切な存在である子どもを殺害することで、間接的に「ママ友」を攻撃したのでしょう。

彼女は、おそらく自分の子どもとコミット（関係）できず育児を楽しむことができなかったのだと思います。もしも、彼女の〝内なる赤ちゃん〟が機能していれば、残酷《ざんこく》な行動をとることもなかったでしょう。そう思うと、自分の子どもと楽しく向き合えず、外側（他人）に向いた自分の感情にとらわれて起こした事件に対して、やるせない気持ちになります。

また、最近の母親のこころの在り方を表している現象の一つに、「公園デビュー」があります。赤ちゃんが歩き始めた頃、近所の公園に子どもを連れて行って、集まっている母子連れのグループの仲間入りを果たすことを「公園デビュー」と呼ぶそうです。そこでは、情報交換ができるなどのプラスの側面もあるようですが、デビューに失敗するのではないかという、母親の不安や緊張から来るストレスの問題も取り沙汰されています。

しかし、このとき母親は、「公園デビュー」の本当の主役が誰かを忘れてしまっているのではないでしょうか。

本来、「公園デビュー」の主役は赤ちゃんです。赤ちゃんが母親や友だちと公園で遊ぶことが目的のはずですが、いつのまにか、母親がママ友のグ

ループの仲間入りができるかどうかが問題になってしまっています。

この背景には、現代女性が抱える「こころの問題」があるように思われます。幼少時代からの強い不安を解決しないまま母親になってしまった女性は、自分の赤ちゃんと向き合うことができず、常に周囲の人間が気になり、「嫌われたくない」「自分を受け入れてほしい」という〝他者依存〟の心理を持つようになると考えられます。

こうして考えてくると、「ママ友」への嫉妬・羨望から起きたこの事件も「公園デビュー」のストレスも、その根底には、母親の不安があるように思われます。そしてこの不安は、母親自身の「こころの問題」から生じているにもかかわらず、「赤ちゃんと関わることの大変さ」や「育児の大変さ」に置き換えてしまっているのです。「こころの問題」は、母親の幼少期の体験がもとになっています。母親自身が赤ちゃんのときに、自分の母親に瞬時瞬時に気持ちを受け止めてもらい、対応してもらえていれば、強い不安を持ったまま大人になることはなかったのです。自分が母親になっても、こころが健康に機能して、赤ちゃんとの関係を十分に楽しむことができるはずなのです。しかし、もしそれができないとしても、それは母親が「悪い」わけではありません。母親たちが赤ちゃんのときに自分の母親に傷つけられてきた影響が次世代にまで及んでいるのです。

育児放棄をするカニクイザルの母性

育児を放棄するのは、人間に限ったことではありません。他の動物においても育児放棄が確認されています。一九七〇年代後半に、ある霊長類研究所によって東南アジアから野生のカニクイザルが輸入され、二十年にわたって、猿の母性行動が研究されました。輸入された猿は個々のケージで飼育されました。その後、その猿たちから生まれた赤ちゃん猿は生後五〜六カ月までは母親と同じケージで育てられ、離乳が確認されたところで母親から引き離されました。その後は二、三匹の子猿が一つのケージに一緒に入れられ、二歳になると、一匹ごとに別々のケージに分けられました。

　このような方法で、途中から〝母子一体〟ではなく育てられた赤ちゃん猿が母親になったとき、驚くべき行動をとりました。初産時に、約七十五パーセントの猿が育児をしなかったのです。母猿たちは、産んだ直後にビックリして赤ちゃん猿を踏みつけてしまったり、生まれたばかりの赤ちゃん猿を壁に投げつけたり、逆さまに抱っこしたり、突き放して寝ていたりなど、虐待していました。

　この母猿たちの行動は、現代の人間の虐待行動とよく似ています。猿の赤ちゃんも可哀想ですが、虐待されてい

る人間の赤ちゃんのほうはもっと悲劇的です。なぜなら、研究所の猿の赤ちゃんは虐待を受けると、すぐに人間に助けてもらえますが、人間の赤ちゃんの場合、助けてもらえないことが多いからです。

育児放棄した母猿たちは、その約半分が次の出産で少しずつ育児をするようになり、何回か出産を重ねるうちにちゃんと育児ができるようになりました。それまで虐待をしていた猿であっても、教えられなくても徐々に育児をするようになるという点では、人間の母親とは異なります。研究所の赤ちゃん猿たちは、少なくとも離乳までは、母親と一緒のケージで過ごしています。そのことが、次第に育児ができるようになる土台となっているのかもしれません。

このカニクイザルの研究は、猿に限らず人間においても、赤ちゃんと母親との関係が次世代の子育てにまで影響を及ぼすことを示唆しているように思います。

人間の母親が、「育児が大変」と言うときには、その人の〝内なる赤ちゃん〟が「大変」な状態なのだと思います。その〝内なる赤ちゃん〟は「私から目を背《そむ》けないで」と叫んでいるのではないでしょうか。

3 無意識に子どもを傷つける母親たちの心理

大人が子どもにかける言葉の奥に、大人自身のこころの傷があることがあります。今回は、親（特に母親）から子どもへの「性役割」の刷り込みや強制が、子どものこころにどのような影響を及ぼすか考えてみたいと思います。

何げない声かけに潜む大人自身のこころの傷

たびたびこんな光景を目にすることがあります。母親が、「お姉ちゃ〜ん」と呼ぶと、幼い女の子が「はぁい」と走ってくるのです。その女の子は母親の子どもなのでしょう。しかし、なぜ母親はその子を「お姉ちゃん」と呼ぶのでしょうか。おそらく、女の子には弟か妹がいるのでしょう。確かに弟や妹にとって、その女の子は「姉」かもしれません。しかし、母親にとって「姉」ではないはずです。年子で弟か妹が生まれたなら、わずか一歳で、母親から「お姉ちゃん」と呼ばれることさえあるのです。当たり前のことですが、弟や妹がいようといまいと、その子の名前があるはずです。また、子どもへの声かけでよく耳にする言葉に「お姉ちゃんでしょう」というのがあります。この言葉の裏には何が含まれているのでしょうか。「あなたはお姉ちゃんなのだからしっかりしなさい」「我慢しなさい」「弟（あるいは妹）の面倒を見なさい」と刷り込みをしているといってもいいでしょう。先に生まれたというだけで、「姉」という特殊な存在にされるのは、子どもが子どもとして成長・発達をする上において、「いわれなき責任」を背負わされていることになります。

大人たちが意図しないまま「お姉ちゃん」と呼ぶことで、幼い子どもに「姉」という荷物を持たせ、自分たちの育児や子育ての「協力者」にさせているのです。

もちろん、「姉」だけではなく、男の子の場合は「兄」という荷物もありますが、世間では、「一姫二太郎」という言葉があるように、第一子は男の子よりも、女の子が理想的だと言われています。つまり、息子を「兄」にす

るよりも、娘を「姉」にするほうが母親の子育てにとって都合がいいのでしょう。

臨床の現場で、女性のクライエントから、「姉」という荷物を負わされた話が語られることは珍しくありません。たとえば、高校生のとき、「女の子だから」という理由で、自分のお弁当をつくらせられていたのに、弟は高校生になっても、「男の子だから」という理由で、お弁当は母親がつくっていた、というような話はよくあります。家族の中で「性役割」を子どもに強《し》いているのです。極端に言うならば、母親が自分の性役割に娘を巻き込み、自分の協力者にしているということです。たとえ母親に悪意がなかったとしても、このような家族の構図に巻き込まれてしまえば、子どもの無意識は傷ついていきます。

さらに極端な例としては、母親から「女の子だから」という理由で、小学生のときから「妹」が「兄」の食事をつくらされていた、という話もあります。「性差別」を正当化しながら、母親の役割を子どもに押し付けているのです。

このように、幼いときから「性差別」とも言えるような心理的虐待を受けると、自分という存在を肯定できなくなり、「女」という性を受け入れられなくなる場合もあります。そうなると、大人になってからも母親への依存は続き、異性との恋愛関係でも依存的になり、「愛されたい」欲求が強いために、相手を強く追い求め、皮肉にも相手が逃げてしまうことも珍しくないのです。

言うまでもありませんが、一緒に仲良く育つべき、きょうだい間への親からの「差別」は、「通報」や「逮捕」されることもありませんが、子どものこころにとっては立派な「虐待」とな

ります。身体に傷はなくてもこころに傷を負わされているからです。

悲劇の連鎖を断ち切るためには

男女平等が当たり前の現代に、なぜ母親がわが子にこのような「差別」を行うのでしょうか。それは、おそらく母親自身が子どもの頃から、程度の差はあってもこれまでに挙げた例のような「差別」という形での〝心理的暴力〟を、大人から受けていたからでしょう。そうでなければ、「差別」を強要されても、無意識がストップをかけるので、意識的にできるものではありません。「差別」をする大人の行為は、自分がかつて受けていた「差別」から目を背け、「過ぎたこと」あるいは、「仕方がない」と、その傷を放置していた結果なのです。

しかし、子どもの頃に「差別」を受けていた人でも、そのことと向き合い、勇気を持って自覚する作業を行えたなら、悲劇の連鎖は食い止められる可能性はあるのです。「差別」をされ、傷ついている子どもたちの苦しみは、「差別」を行っている大人の〝こころの中の子ども〟の叫びと言えるでしょう。現実の子どもを傷つければ傷つけるほど、大人の〝こころの中の子ども〟の傷は深くなります。なぜなら、目の前の子どもと大人（特に母親）は、互いの無意識の底で、川が流れるようにつながっているからです。つまり、「差別」をしている大人は、自分の〝こころの中の子ども〟を傷つけていることに気づいていないのです。

現在、幼稚園と保育所を統一する幼保一体化構想が持ち上がっています。乳幼児期の子どもは母親との一体化から始まり、自我を確立していきます。赤ちゃんのこころにとって大切なときに、無理に集団に適応させる環境に入れると、のちにさまざまな症状が起きてくるでしょう。

4 子どもの人格形成の時期に影響を与える「こども園」構想

「待機児童ゼロを目指す」というスローガンのもと、政府は幼稚園と保育所を一体化した「総合こども園」構想を進めています。働く親には嬉《うれ》しいニュースですが、子どもの人格形成の観点から見たとき、この政策にはどのような問題があるのでしょうか。

○歳児から預けられる「こども園」の問題点

乳幼児期における体験が、人間の人格形成に大きな影響を及ぼすことは、言うまでもありません。

子どもたちへの「性」の「差別」についてすでに述べましたが、今回は、「差別」とは逆のある種の「平等」について考えてみたいと思います。

昨年（二〇一一年）「幼保一体化・こども園」構想の実現を目指す模様がテレビや新聞などで報道されました（『子ども・子育て新システム関連三法案』は当初の複雑な制度の政府案を撤回《てっかい》し、現行の「認定こども園」の拡充として二〇一二年八月十日に成立）。この政策に対して、日本保育協会や全日本私立幼稚園連合会、全国国公立幼稚園園長会などが相次いで「反対」の姿勢を打ち出しました。ここで幼稚園、保育所それぞれの背景の違いを詳細に説明することは避けますが、「反対」は当然のことかもしれません。

おおげさかもしれませんが、これは、国家の存続に関わる重要な問題です。しかし、子どもの人格形成に関わる大切な問題が、幼稚園と保育所のそれぞれの立場からの反対のみで、臨床心理に関わる立場からの意見はほとんど取り上げられていないのです。そこで微力ながら、臨床心理の立場から、あえて問題提起をさせていただきたいと思います。

子どもたちの心理的な視点に立って考えたときの幼稚園と保育所の違いは何でしょうか。端的に言えば、幼稚園は「通う場所」であり、保育所は「預けられる場所」なのです。「だから、何が違うの？」と思われるかもしれませんが、これは子どもにとってはあまりにも大きな違いです。目に見える違いの一つをわかりやすく挙げると、幼稚園にはお昼寝の時間はありませんが、保育所にはお昼寝の時間があります。保育所に預けられている子どもたちは、大人たちが事情を説明しなくても、お昼寝の時間には、「寝なければならない」ということを感覚で知っています。今、「抱っこしてほしい」「絵本を見たい」「ゲームをして遊びたい」と思っても、その時間は許されないのです。

そこでは子ども個々が中心ではなく、集団が中心です。もちろん、福祉の観点から保育を担えない母親に代わって保護をしているのですから、制度上からも集団を優先することは当然なことです。

また、幼稚園は三歳からしか通えませんが、保育所には〇歳から預けられる赤ちゃんもいます。どんなに有能な保育士さんであっても、母親に代わって、その赤ちゃんと一対一で関わることは現実問題として不可能です。つまり、「こども園」の一番の問題は、保育所と同様、〇歳児から預けられる点です。さらに問題なのが、保育所では少なくとも「働くお母さんのため」だったものが、「こども園」では「就業の有無に関係なく預けられる」とい

う点です。裕福な家庭でも、貧困家庭の子どもであっても、「一律に保護を受けられる施設」であると言われると、「平等」に聞こえますが、「差」がない一律の対応が広がるのは、子どものこころの成長からすると、とても怖いことだと思います。なぜなら、「一律」とは個性の違う子どもを「皆、同じに扱う」ということだからです。

当たり前ですが、乳幼児期の子どもたち、特に赤ちゃんは、それぞれ唯一の存在であり、その他大勢の（中の）一員としての存在ではないのです。一人として同じ赤ちゃんはいません。たとえば、同じ瞬間、Aちゃんは「眠い」けど、Bちゃんは「遊びたい」かもしれません。

子どものこころの形成を考えたとき、本当に集団に適応させるのに良い時期は、六歳（小学校入学）からです。

現代の子どもたちの問題として取り上げられている、不登校、引きこもりなどは、一向に減る気配が見えません。それどころか、ますます増え続けているようです。今では、三十歳代、四十歳代の引きこもりの人たちがセラピーを受けに来ることも珍しくありません。その背景には、乳幼児期からの環境によって、人格形成に良くない影響を与えられている場合が多いのです。もちろん、彼ら自身が悪いのではありません。

けれども、私たちセラピストが、一人、また一人とセラピーを行っていっても、社会の引きこもり問題の解決には到底追いつけるものではありません。砂浜の一つまみの砂に当たる少数の方々の援助をしているようなものです。その現実に無力感を感じることがしばしばあります。このまま、引きこもりが増え続けたとしたら、日本はどうなるのでしょうか。その対策は急を要していると言われて久しいにもかかわらず、日本をリードする大人たちは一体、この国をどんな国にしようとしているのでしょうか。

社会の混乱招いた旧ソ連の政策

一九二〇年代のソ連では、女性を家事や育児から「解放」し、子どもは国家が「平等」に育てるという政策を実行しました。その結果、どういうことが起きたのでしょうか。親子の関係は崩壊し、離婚も増え、少子化も加速し、性犯罪が横行したのです。明らかに、子どもの人格形成に悪影響を与えました。結局、国家崩壊の危機に直面。百八十度方向転換せざるを得なくなり、一九三六年に制定された憲法では、家族の価値を重要視するようになったのです。

旧ソ連の例に見るように、「幼児期の子どもの人格形成」という重要な視点のない幼保一体化の推進は、社会的な混乱の要因を増やすだけではないで

しょうか。日本は、旧ソ連の失敗に学ぼうとせず、どこに行こうとしているのでしょう。

臨床現場では、すでに大人になっている方々も、セラピーによって内なる傷ついた赤ちゃんの傷を回復させています。心理の現場にいるセラピストとして、今後もできる限り、モノ言わぬ赤ちゃんの代弁をしていきたいと思います。

5

「待機児童」と呼んでいい赤ちゃんは一人もいない

希望者全員が保育所を利用できるよう国が整備を進める「待機児童ゼロ作戦」。その実現は、共働き家族や働く女性にとって喜ばしいことかもしれませんが、〇～三歳までの預けられる側の子どもにとっても、それは同じように〝喜ばしいこと〟なのでしょうか。

居場所を保障されるはずの赤ちゃん

「待機児童」とは一体どういう意味でしょうか。「待機」というのは、何かを待っている状態です。その何かが、もしも「保育所」だとしたならば、赤ちゃんの自宅のほうが「待機所」で、「保育所」が本来の「居場所」ということになってしまいます。大人たちの都合で「待機児童ゼロを目指せ」ということが、単なる言葉の問題ではない、赤ちゃんの〝こころ〟にとってどれほど恐ろしいことなのかをここで改めて考えてみましょう。

ファミリーレストランでの一コマです。ママ友だちと楽しくお話をしていた女性が、「うちの子は待機児童よ」と言っています。

赤ちゃんは本来、家族の中心です。赤ちゃんにとって自宅は二十四時間過ごす場所であり、眠りたいときに眠り、遊びたいときに遊んでいい唯一の居場所です。赤ちゃんはそういう権利を〝天〟から保障されて生まれてきているのです。それを大人たちが勝手に奪っていいわけがありません。

さらに、レストランにいたその女性は、「子育てが忙しくてゆっくりお茶飲みもできないわ」と不満を口にしました。ちなみに、彼女が注文したランチは七百八十円。七百八十円が高いか安いかは別として、本当に生活が大変で、子どもを保育所に預けてまでも働かなければならないのなら外食をする余裕はないはずです。「主婦にだって息抜きは必要なのよ」と言う人もいるようですが、それなら「保育所」に預けることは「働くため」ではなく、「息抜きのため」に預けることになります。この「息抜き」という言葉の裏には、赤ちゃんとの二人の時間が「苦痛」だという要素が含まれているのではないでしょうか。

こころが健康な母親にとって、赤ちゃんとともに過ごす時間がどれほど幸せな時間か、それは決してお金では換算できない財産なのです。もしそう感じられないのであれば、それは母親の〝内なる赤ちゃん〟が傷を負ったまま放置されているからであり、赤ちゃんの存在自体が母親にストレスを与えているわけではありません。このことはいくら意識的に否定してもごまかすことができない真実なのです。

寂しさや悲しさを訴えられない子どもたち

働くために保育所に赤ちゃんを預ける女性ばかりではなく、お茶飲みをゆっくりしたくて赤ちゃんを保育所に預けたいと思っている方がいるのも事実なのです。中には、「夜泣きがひどいから」と言う方もいると聞きます。

当然のことながら、赤ちゃんはまだ言葉を話せません。赤ちゃんが夜に泣くのはそれだけの理由があるからで、それを

「夜泣きがひどい」という理由で集団の中に入れるのであれば、赤ちゃんにペナルティ（罰則）を与えるようなものです。赤ちゃんにとってこれほど残酷なことはないでしょう。

赤ちゃんが「泣く」という手段を禁止された場合はどうなるでしょうか。どんなに泣いて訴えても要求が通らなければ、賢い赤ちゃんは、泣いても無駄だということを知り、泣くことを諦《あきら》めてしまいます。その結果、「サイレントベイビー」になってしまうのです。つまり「泣くことができない」赤ちゃんです。

不安症状の強い引きこもりの三十歳代のある女性がセラピーの中で語った話があります。

「保育所の手帳に『今朝初めて泣いたので驚きました。お姉さんがお休みだからかもしれませんね』と書いてあるのを見つけました。私は生まれたときから保育所に預けられていたけど、姉は幼稚園に通っていたので、夏休みや冬休みは姉だけ家にいたから、保母さんの言う通り、悲しかったんだと思う。母親が言うには、私は『おとなしくて泣かなくて、手がかからない子だった』って。保母さんのほうが母親よりずっと子どもの気持ちを理解している。こころは空っぽだった。起きている時間のほとんどを保育所で過ごしていたから、泣いても仕方がないって諦めていたと思う。泣かない子どもになっていた。火がついたように激しく泣いている新しく入ってきた赤ちゃんをボーッと見ていたことをかすかに覚えている。思い出すとつらい」。

セラピーの中で、保育所に預けられていたときの外傷体験を思い出す方は実にたくさんいます。多くの方がお昼寝の時間は眠くなくても静かにしていたと言います。なぜなら赤ちゃんは、「保育所」は「幼稚園」のように遊びに通う場所ではなく、預けられている場所であることを知っているからです。自分の「居場所」を失うことは、赤ちゃんにとっては「死」に匹敵する恐怖です。赤ちゃんのときから「保育所」に預けられていた人の中には、お布団の中で年長児に性的ないたずらをされていたことがトラウマになっている女性もいます。その方の場合、保育士さんや母親はそのことを知りません。

「居場所」を失う恐怖からか、誰にも訴えていないからです。

ここでお断りしておきますが、保育所自体や保育士さんには何の罪もありません。それどころか、保育士さんの中には、赤ちゃんの身の回りのお世話をしながら、赤ちゃんの気持ちを思って胸を痛めている、〝こころ〟ある方が大勢いると聞きます。

私たち臨床家は日々臨床現場で、多くの方々の〝内なる赤ちゃん〟の叫びを聴いていますが、社会や政治に対して臨床家は無力です。しかし、次世代を担う赤ちゃんに代わって、ささやかでも、大人たちに警告していくことが臨床家の務めだと強く感じています。

人間の人格形成において、赤ちゃんという最も重要な時期に、もろく崩れ去る土台をつくってしまっては、のちにどれほどの損害を被《こうむ》ることになるか。このことは、赤ちゃんが犠牲になることはもちろんのこと、個人や家族の問題だけではなく、日本全体の問題になっていくでしょう。未来の社会を支えるのは大人に成長した赤ちゃんたちなのです。

第3章

親と子のこころの世界

1 〝悲劇のヒロイン〟の母親を持つ子どもたちの〝こころの叫び〟

「私はこんなに大変なの…」と周囲の同情をかう〝悲劇のヒロイン症候群〟——こうした母親のもとで、苦労する姿を見せられながら育つ子どものこころは、どのような状態になるのでしょうか。

感謝も遠慮もない雛《ひな》を命がけで守り育《はぐく》む母鳥

人間の赤ちゃんほど未熟な状態で生まれてくる動物はいません。繰り返しお話ししましたが、赤ちゃんは世界の中心であり、無条件で守られる権利を持った存在です。

この世に誕生したその日から（最近の研究では胎児からとも言われていますが）〝母子一体化〟が始まっています。生まれた瞬間、赤ちゃんには自我がない、つまり「ワタシ」「ボク」がない世界にいます。一番身近な人（多くが母親）が〝自分〟なのです。赤ちゃんは、母親の声のトーンや表情や手の動きなど一挙手一投足を感知し、そのすべてを自分と認識していきます。

母親と分離されていないこの時期に「育児は大変だ」という思いが母親にあれば子どもに伝わります。母親が赤ちゃんを放置したり無視したりすれば、赤ちゃんは自分がバラバラになっていく恐怖や不安を感じるでしょう。ここでは母親が〝苦労〟を子どもに見せるという世代間伝達が、子どもの人格形成にどのような影響をもたらすかを考えてみたいと思います。

私は、日々の臨床現場でこの話の意味がなかなか伝わらない、あるいは響かない方に「雛鳥と母鳥」の話をすることがあります。

雛鳥は自分で卵の殻を割って生まれてきます。お腹が空くと、これ以上開かないというくらいにくちばしを開けて、「ピーピー」と餌をおねだりします。このとき母鳥は、胸が締めつけられるほどに、雛をいとおしく感じているかもしれません。なぜなら、雛が「私のお母さん、世界で唯一の本当のお母さん」と言っているからです。

母鳥は命がけで食料を探し、雛の待つ巣へせっせと運びます。母鳥にとってそれは〝苦労〟ではないのです。雛鳥も母鳥に感謝も遠慮もありません。恩返しという思いもないでしょう。もしも、母親に〝苦労〟をかけているという遠慮があれば、くちばしの開け方がだんだん小さくなるのではないでしょうか。それでは、雛は健全な大人の鳥になることはできません。健全な母鳥の雛は、当然のように母鳥に食事を要求し、天敵から守ってもらえるのです。

野生の母鳥は、人間のように育児講座で学ばなくても、命がけで赤ちゃんを守ることを本能で知っています。かつて自分が当然のように母鳥に守り育まれた体験があり、こころの中に〝内なる雛〟が存在しているからです。もし母鳥が、雛に感謝されたり、「苦労をかけてごめんなさい」と言われたら、傷ついてしまうかもしれません。なぜなら、「あなたは近所のおばちゃん」と言われているのと同じだからです。食事をもらった場合、他人には感謝と遠慮があって当然ですが、世界で唯一、本当の母親に対しては感謝と遠慮の必要はないのです。それは雛鳥にとって、生まれながらに自然で当たり前なことだからです。

そのことを証明するかのように、虐待《ぎゃくたい》されている人間の子どもたちは、母親に対して、「ごめんなさい」「ありがとう」をよく口にします。子どもからこうした感謝の言葉が頻繁《ひんぱん》に出る場合は、暴力がなくても、母親から心理的に虐待を受けているケースが多いのです。虐待の特徴の一つと言えるでしょう。

子どもの問題行動に悩むある母親が、面接の中で雛にまつわる話を語りました。

「小鳥の巣を見上げながら、子どもが言うんですよ。『小鳥の雛はいいなぁ。お母さん鳥にあんなに一生懸命に守られて』。そのとき、あの子から、私に守られなかった、と言われたと思い、ショックでした」。

この母親の子どもに限らず、もしかすると、多くの人間の子どもたちが、雛鳥をうらやましく思っているのかもしれません。

母親が〝苦労〟を見せることは子どものこころに重荷を背負わす

子どもは、母親の不平や不満を聞かされ続けると、母親の気持ちがわかるだけに、こころに大きな負担がかかります。自分も母親と同じように「幸せにはなれない」という、ある種の暗示にかかり、不安な状態になってしまうのです。これはこころに母親の荷物を持たされている状態です。

当然ですが、子どもが母親の荷物まで持ってしまうと、子ども自身が持つべき荷物は持てなくなってしまいます。「幸せな母親と不幸な母親ではどちらの子どもが幸せか」といえば、前者の子どものほうが幸せです。また「苦労を見せない母親と苦労を見せる母親ではどちらの子どもが幸せか」といえば、これも前者なのです。このことを面接の中で子どもたちに聞いてみると、全員がそう答えます。

幻聴《げんちょう》や妄想《もうそう》などの精神病症状に悩まされている女性のクライエントは、面接の中で次のように語りました。

「母親は周りの人から、『母親（女性の祖母）の世話をして偉いわね。そのうえ、子どもまで病気で大変ね』ってほめられているんですよ。世間の人は外側しか見ないので、内側のことが見えない。無責任なことを言って、責任もとってくれない。そういう人たちを警察に取り締まってほしいですよ。あの人（母親）、『自分が可哀そう、可哀そう』って〝苦労〟を周りに主張するんですよね。私はずっと母親の愚痴《ぐち》を聞いてきたんです。母親の代わりに家事もやってきた。子どもって一方的に母親に話されたら、しまいにはおかしくなっちゃうんです。私は空気に向かって一人でしゃべっていました。今になって母親は『あなたが苦しいのはわかるわ』って取ってつけたように言う。何もわかっていない。他人事。近所のおばさんが言っているのと同じ」。

この母親は世間から評価されていますが、彼女は世界の中心から端に追いやられ、親の不平、不満、愚痴という「毒」を、こころの中に注ぎ込まれていました。さらに、母親が〝悲劇のヒロイン〟を演じて周囲から同情されると、彼女は母親を困らせている立場にされ、「母親を大事にしなさい」と追い詰められていました。こうして彼女はこころに重荷を背負わされ、ますます病気になっていったのです。

子どもを本気で守り支えている母親は、周囲に同情をかうような情報操作はしませんし、同情されて喜ぶことはないでしょう。子どもの幸せを本当に願っている母親は、子育てにおいて〝苦労〟という概念がないからです。

子どもたちが、母親のあたかも苦労をしているかのような姿にどれほど傷つき苦しんでいるかを、少しでも多くの方に知っていただきたいと思います。

2 誰も知らない日本型「ミュンヒハウゼン障害」と「ミュンヒハウゼン傾向」

一昔前まではほとんど知られていなかった「ミュンヒハウゼン症候群」という奇妙な病気について、近年になって日本でも耳にするようになってきました。一般にその名を広めたのは、二〇〇八年十二月に起きた京都の「汚水混入殺人未遂事件」ではないでしょうか。一歳十カ月の幼い女の子を殺害しようとしたこの事件の犯人は、女の子の実母でした。汚水を入院中の娘の点滴に混入させ、病気をつくり上げていたのです。

（正確には「代理人によるミュンヒハウゼン症候群」と呼びます。以下からは、「（代）ミュンヒハウゼン症候群」と略します）

周囲の人に同情されるために〝わが子を苦しめる〟こころの影

この病理の特徴は、母親が意図的に子どもを病気にし、献身的に看護をするというものです。その目的は、人々からの注目、称賛、同情などを得て、母親自身が悲劇のヒロインになることです。

私は日本人の「(代)ミュンヒハウゼン症候群」は、ヨーロッパで報告されているものとは異質のものだと考えています。また、「症候群」という呼び方にも違和感を覚えています。たしかに「障害」とすると、そうした母親が子どもを虐待した罪で検挙された際に、刑を軽くするために利用されてしまう危険性があるのかもしれません。しかし私は、法律とは一線を引いて、日本における「(代)ミュンヒハウゼン症候群」を、日本型「(代)ミュンヒハウゼン障害」と日本型「(代)ミュンヒハウゼン傾向」の二種類の病態に分け、こう名づけています。このように分けるととてもわかりやすいのです。日本型「(代)ミュンヒハウゼン傾向」を含めると、日本にこの病理の人が一体どれだけいるのか、と考えると恐ろしくなってしまいます。

私は京都の汚水混入事件の報道を聞いたとき、日本でもついに欧米型の「(代)ミュンヒハウゼン症候群」が現れたと思いました。この事件は、日本型とは違います。しかし、なんであれ、少しでも多くの人にこの恐ろしい病理を認識してほしいと願っていました。なぜなら、日本では、このような物理的証拠を残す行為はめったに行われないため、公に報道されることがないままに闇《やみ》に葬《ほうむ》られているケースが多いからです。その現実を知っているのは、私たち臨床家しかいないのではないでしょうか。

「真実」を知ってしまうというのは恐ろしいものです。知らないほうがよっぽど楽です。けれども、この病理の被害に遭《あ》って重い病気になり、もしくは死亡した方々の「無念」を思うと、私は臨床家として、人として、真実を発言しなければならないと思っています。そのためには、恐怖で身をすくませ、逃げてしまうのではなく、捨て身で挑まなければなりません。

私が最初に、日本型「(代)ミュンヒハウゼン障害」の存在を知ったのは、ある解離性障害のクライエントの母親の行動がきっかけでした。母親はインテーク面接(主訴《しゅそ》を中心とした情報を収集するために最初に行われる受理面接)で、次のように涙ながらに訴えました。

「二十歳の娘が医師から解離性障害と診断されました。(別人格が現れて)幼い子どもになっています。近所の家のインターホンをピンポンダッシュしてしまうので、みんなが迷惑している。弟も恥ずかしい思いをしている」。

そして、娘は生まれてからずっと父親に暴力を振るわれてきたと、淡々《たんたん》と語ったのです。そのとき私は、〈夫が娘に暴力を振るっているとき、あなたは何をしていたのですか?〉と聞きました。母親は、「止めに入ると、夫は余計に興奮して暴力がひどくなるので、私はつらい気持ちを抑えて陰で娘を見守っていました」と平然と答えました。私は〈幼い女の子が大人の男性に暴力を振るわれるということがどれほどの恐怖か。ましてや実の父親から受ける暴力がどれほどの屈辱《くつじょく》か。解離になっても不思議ではない。夫だけが悪だとは言い切れない。なぜ、あなたは身体を張ってでも娘を守らなかったのか。あなたも共犯であるという自覚はありますか?〉と言いました。この指摘が、母親に恨《うら》みを持たれる要因の一つになってしまいました。

「(代)ミュンヒハウゼン症候群」は、常に周囲の人から「良い人」と思われなければ生きていけない病理です。注目を集めたいという欲望はありますが、「悪い人」として注目されることには耐えられないのです。私はこれでも少し柔らかく話したつもりでした。本当は、暴力を振るう父親の「共犯」ではなく、母親が主犯として陰で糸を引いて、父親を実行犯に仕立て上げ、父親が娘に暴力を振るうように操作しているのではないかと見立てていました。

母親は「どうか助けてください。特別に緊急で面接を開始してください」と訴えてきました。

通常、私は特別に優遇して面接順序を繰り上げてお受けすることはありません。面接を待っていただ

いている方々に対して不公平になるからです。しかし、この母親のインテーク面接は、あの解離性障害の女性の自殺（本書第1章の5）の直後だったので、私にはまだそのショックの後遺症が残っていました。この母親の娘も解離性障害だと聞いて、あの悲劇を二度と繰り返したくないという思いが突き上げてきて、緊急で定期予約を受けてしまいました。

この特別扱いが間違いでした。娘は幼児の状態でセラピーに現れました。話し方も内容も行動も幼児でした。しかし、二回目のセラピーでは、実年齢の状態になっていたのです。彼女のセラピーは隔週の契約だったので、初回と二回目の間は二週間空いています。本当に不思議なのですが、たった一回のセラピーで、二週間の間、別人格は現れなくなっていました。そのことで一番困ったのは、「助けてください」と訴えていた母親でした。

娘は次のように話しました。

「お母さんが怖い。毎日、私の耳元で『三歳の～ちゃん、会いたいわ。出てきて。出てきて』って言うんです。別人格の子どもが出てこなくなってから、お母さんが怒っている。どうしたらいいですか。お母さんを喜ばせる方法を教えてください」。

この話の内容で、この娘は母親から間接的に虐待を受けているという確信を持ちました。

母親は娘の病気を心配するふりをして、いろいろな医療機関を受診していました。この現象を「ドクターショッピング」と呼んでいます。この母親は娘の病理に困惑している可哀そうな母親から一転して、本来の攻撃的な顔を現しました。

たった二回のセラピーの直後に、母親が面接中断を依頼してきたのです。娘がもう行きたくないと言っています、というのが中断理由でした。それと同時に、陰であることないことを触れまわっていたのです。

たとえば、「娘はセラピストから『解離性障害は一生治らない』と言われてショックを受けている」「あのセラピストはダミー（偽物）で本物はセラピーをしていない」「面接は待機リストに登録をして順番を待つ、と言っておきながら、あっさりすぐに面接を受けたのは怪しい……」などです。

このことを母親から聞かされた方が、私に教えてくれたおかげで、全貌《ぜんぼう》が明るみになりました。もしも知らなければと思うとぞっとします。この母親の病理の中核は「嘘」つまり「虚偽性」なのです。

娘の解離性障害は治ったのではなく、おそらく「陽性転移」が起きたのだと思います。ところが、解離性障害が一回の面接で治ってしまったと勘違いした母親が、「解離は治らないと言われた」という嘘のストーリーをつくり上げ、セラピストの信頼や評判を落とそうとしたのでしょう。

セラピストとしては、いたたまれないことですが、おそらく娘はまた解離性障害の症状が出るようになっただろうと思います。子どもはこれほど恐ろしい母親のもとでも、居場所が確保できなければ死んでしまうからです。

母親を喜ばせるために
自分の病を悪化させる

このケース（解離性障害の娘の母親）の直後にもう一つの、日本型「（代）ミュンヒハウゼン障害」のケースがありました。地味な服を身にまとい、貧困家庭のような印象を与える母親がインテーク面接に訪れました。ある種の「不幸のオーラ」が漂っているのです。

「娘が『統合失調症』と病院で診断されて、薬を飲んでいます。一生治らないと言われました。先日は大量に薬を飲んで救急病院に行きました。どうか助けてください」。

この言葉とは裏腹《うらはら》に、母親のこころの底にあるロボットのように冷たくて硬い、動かないものを感じました。私は嫌な予感がしましたが、子どもがセラピーを受けたいと言っているというので、待機リストに登録してもらい、順番が来てから面接を受けました。

初回面接に訪れたクライエントを一目見て驚きました。とてもこの世のものとは思えないほど、存在感が薄く、今にも消えてしまいそうな印象だったのです。彼女はカバンも持たず、セラピー料の入った封筒だけを持って入室しました。面接の最初から最後までの時間、その封筒を一度も膝の上に置かず、震《ふる》える両手で胸の前で持っていました。

　彼女は震える声で話しました。

「お母さんが可哀そうなんです。お母さんが可哀そうです」。何度もこの言葉を繰り返し言うのです。〈お母さんの一体何が可哀そうだと思うの？〉「いじめられているんです。職場のみんなから。みんないじわるなんです」〈職場のみんなに会ったことはあるの？〉（首を振って）「お母さんが毎日教えてくれるんです」「あと、私は死のうと思います。お母さんが可哀そうだから」〈死んだら、お母さんは可哀そうじゃなくなるの？〉「可哀そうじゃなくなると思う」〈……〉「私は生きていちゃいけないんです。だって、私が生きていると、薬代もかかるし、このセラピー代もかかるし、それに電気代とガス代と、あと、私がシャワーに入ったら、水道代がかかるから、お母さんが可哀そうなんです。お母さんの財布からお金がなくなっていくから、私は死んだほうがいいと思うんです」。

彼女は震えながら泣いて訴えました。

彼女は一貫して母親のお金のことをとても心配していますが、現実には両親共働きで、どちらも安定した職業に就いており、経済的に裕福な家庭でした。それに、彼女は無駄使いなど全くしていません。

統合失調症と診断されて、一番苦しんでいる子どもが、「お母さんが可哀そう」と繰り返し訴えていることからも、彼女が精神的な虐待に遭っていることがわかります。母親から「お前が生きていると私が可哀そう」というある種の洗脳をされてきたのでしょう。もしも、赤ちゃんのときから洗脳されていたとしたら、子どもは逃れるすべはありません。家族の中では母親は絶対者です。

このセラピーのあと、彼女は薬を大量に飲んで救急車で運ばれましたが、命に別条はありませんでした。母親も別のセラピストから面接を受けており、そのときの様子が語られました。

「私はすぐにでも飛んで行って娘のそばにいたかったのに、職場の上司から行っちゃだめだって反対されたんです。甘やかしちゃだめだって」。

それを聞いたセラピストは、子どもはどんなにこころ細い思いでいたか、上司はなんて理解のない人なのだろうと思いました。

日本型「(代)ミュンヒハウゼン障害」の病理の特徴として、周囲の人間が皆「悪者」にされてしまうというのがあります。このことはあとになって明るみになりました。

セラピーが進んでくると、クライエント(娘)はほんの少し、「不安」のもとが何なのかを自覚することができるようになってきました。そして、本人の口から次の言葉が出たのです。

「私がこんなに不安なのは、お母さんが私に不安になることを言ってくるからかもしれませんね。後ろ姿もいつも可哀そうに見える。ううん。お母さんの不安かもしれない」。

その数日後、先のケースと全く同じように、娘が行きたくないと言っています、という理由で突然面接は中断になりました。中断依頼の手紙には、母親からの感謝の言葉が綴《つづ》られていました。あくまでも自分は良い人で、決して悪者ではないのです。その後、この母親が裏でセラピストの悪口を言って、他の人の同情をかっていたことがわかりました。それを間接的に聞いた方が教えてくれたのです。

この母親に同情した優しく親切な方々は、セラピストのことを「悪魔」と思ったようです。具体的にどういうふうに話すとそう思わせることができるのか、この病理の嘘をつく才能は天才的としかいいようがありません。この手口で、職場の上司のことも「悪者」にしていたのでしょう。まさに会わざる者同士が憎《にく》み合い、日本型「(代)ミュンヒハウゼン障害」の母親に同情するという構図です。

〝会わざる者同士〟を憎み合わせるという虚偽性の罠

日本型「(代)ミュンヒハウゼン障害」の特徴の一つに、家族間の関係の問題があります。父親と子どもたち、きょうだい間の関係が悪いのです。これは、家族の中心が母親であり、皆がそれぞれにその中心の母親とつながり、しかし母親以外は、バラバラな対立関係にさせられてしまうというものです。

私のクライエントで、摂食障害、うつなどを主訴として、長年にわたって複数の薬を服用してきた女性がいます。ある日、大量の薬を服用して自殺を図り、意識がなくなり、救急車で病院に搬送されました。緊急処置によって命を取り留め、その後、心療内科に回され、その病院からの紹介で来室されたのです。

彼女は、今はＤＳＭ（『精神疾患の診断・統計マニュアル』〈アメリカ精神医学会編〉）には記載されていない「古典的ヒステリー」に当てはまると思われる病理の方でした。見捨てられ不安が強く、人への依存も強く、外からの刺激によって不安定になりやすいという特徴がありました。この特徴は、「ボーダーライン（境界性人格障害）」という病理とも共通していますが、決定的に違うところは「古典的ヒステリー」のほうは、こころの底に温かいものが流れていることと人懐《ひとなつ》っこさがあることです。俗的な表現をするならば、「憎めない愛らしさ」を持ち合わせているので魅力的な女性でした。

面接の初期段階の彼女は、母親崇拝とも言えるような、母親がいなければ生きていけない状態でした。父親と兄が二人と弟が一人いますが、その四人とは絶縁状態です。なぜなら、彼女は兄二人と弟から暴力を振るわれ、父親からは暴言を吐かれていたからです。小学生のときから兄たちに日常的に殴《なぐ》られ、特に二男からの暴力は激しく、首を絞められることもあり、何度も殺されると思った、と言います。暴力を振るわれている間、母親は黙って見ていて助けてくれたことがなく、母親から「お前が生意気だからだ」と言われていました。

彼女が幼いときから、父親は「家族に災いを起こす悪魔」と母親から聞かされていたので、父親に近寄ることもありませんでした。母親は自分以外の家族と彼女が良い関係になることを許しませんでした。母親以外は、家族同士が憎み合っている構図でした。兄たちと弟は犬猿《けんえん》の仲で、兄弟と父親はクライエントと同じく絶縁状態です。母親に洗脳された彼女は、父親と兄たちを憎み、その怨念《おんねん》によってエネルギーを相当に消耗《しょうもう》していたことでしょう。

そんな彼女も、セラピーが展開していくと、徐々に母親からのある種の洗脳（とも言える状態）が解けていきました。そして、絶縁状態だった父親と再会することになりました。傷だらけだった「父と娘」の関係が回復していくにつれ、彼女は母親の裏の顔に気づいてきました。

「お父さん、とても優しかった。本当はいいお父さんなんだと思う。でも、母親がいたら、お父さんとは仲良くできない。お父さん、重い病気になったんです。お母さん、お父さんの食事をコントロールしていた。小学校のとき、お母さんが、『憎たらしい夫を殺すのは簡単』って言っていた。でも、お母さんは世間からはとても優しい良妻賢母《りょうさいけんぼ》だと思われている」。

「母親を無視しちゃうとあとがすごく怖かった。自分だけ楽しんじゃだめって思っていた。どうしたら、母親に好かれるかばかり考えていた。母親に見捨てられたら生きていけないから」。

日本型「(代)ミュンヒハウゼン障害」の病理を持った母親をクモに譬えるならば、周囲の人間はクモが出した糸に引っかかった獲物《えもの》です。獲物同士は連携《れんけい》をとることができません。もがけば、もがくほど、糸にからめとられてしまいます。クモは糸を手繰《たぐ》って獲物を食べてしまいます。獲物はクモの栄養になるのです。

このような病理の母親を持った子どもたちを援助し、子どもたちが回復していくということは、その母親の期待を裏切ることになるのです。母親を喜ばせるためには、子どもの病気を悪化させるしかありません。しかしそれでは、セラピストが「子どもの敵」に支配されることになってしまいます。

日本型「(代)ミュンヒハウゼン障害」の母親から、セラピストが「悪魔」と言われたとしたら、それは「子どもの味方」だと保証されたのも同じです。セラピストとして信頼マークをつけられたようなものです。けれども、その母親が「裏」から攻撃してくる手口は不気味で、セラピストは相当に心理的なダメージを受けることになります。そして、何よりも大きな問題は、家族（子どもや夫）が被害に遭いながら、その事実は誰にも知られないということです。逆に子どもや夫は（母親を困らせている）加害者にされて、日本型「（代）ミュンヒハウゼン障害」の母親に同情が集まってしまうのです。

ですから、この病理の理解が一般に広まっていくことで、少しでも事前に被害の予防ができるようにならなければなりません。そのために、日本型「（代）ミュンヒハウゼン障害」の事例から、今後もさらに研究を進めていきたいと思っています。

日本型「（代）ミュンヒハウゼン障害」当事者も、子どもの頃に虐待を受けていたと考えられます。本人が本気で病理を克服しようとして取り組めば、良くなるケースもありますが、残念ながら、多くは良くなろうとは思っていないのが現状ではないでしょうか。

3 「発達障害」というカテゴリーに閉じ込められた子どもたち

ここ数年、自閉症やADHD（注意欠陥・多動性障害）などの「発達障害」を持つ子どもへの支援や対応は、家庭や教育現場において大きな課題の一つとされています。対応する大人側には、「発達障害」というカテゴリーにとらわれずに、子ども一人一人の〝こころの世界〟を理解し、〝こころの傷〟に寄り添うことが求められているのです。

自ら社会性を取り戻した自閉症と診断された少年

臨床現場で「発達障害」と診断された子どもたちと関わっていると、生まれながらの「脳」の障害という〝器質的な問題〟としてすませられない子どもたちが、数多くいると実感します。なぜなら、人との「関係性」の中で、良くなっていくからです。

集団に適応できない状態の子どもは、「発達障害」と見なされやすく、そのカテゴリーに入れることで、「発達障害だから、仕方がない」と諦《あきら》めてしまうか、「このような対策をとりましょう」というマニュアルを当てはめて対処することに重点が置かれがちになっています。その背景には、「大人が子どものこころを傷つけている」という本質から目を背《そむ》けようとしている大人側の心理が隠されているようにも思います。

自閉症と診断されたある中学一年生の男の子は、全国の駅の名前、新幹線や電車の名称をすべて記憶していました。興味のある分野においては卓越した能力を示す一方で、人の目を見て話すことや挨拶《あいさつ》などができず、また、スケジュールを変えられるとパニックになったり、二重指示（たとえば、A先生は「下駄箱の上を掃除しなさい」、B先生は「床を掃除しなさい」と違う指示を同時にすること）で混乱して泣き叫ぶなど、集団に適応できないという問題を抱えていました。

彼は、膨大な鉄道の知識を持ちながら、誰にも理解されない孤独感を抱えていました。私は週一回のセラピーの中で、彼の能力の高い分野に敬意を持って関わり、鉄道に関して、徹底してその知識を吸収しようとしました。彼は大学教授のような講義を繰り返し、丁寧に教えてくれました。私は必死

に覚えようと努力しましたが、次のセラピーの日には、半分以上忘れていました。それでも彼は、セラピストの人格を傷つけるようなことはしませんでした。

ある日、〝鉄道の先生〟は淡々と語りました。

「一週間経ったら忘れてしまうなんて困ったもんですね。でもまあ、人それぞれ限界があるでしょう」。

彼がセラピストである私の能力の限界に気づいてくれたとき、驚くようなことを言いました。「世の中は、鉄道の知識だけじゃだめなんだよ。人に会ったら挨拶もしなくちゃならないし、人と話すときは目を見て話さなくちゃいけないよ。決められた予定が突然に変えられてしまうこともあるんだよ。そんなときに暴れたりしちゃだめだからね」。

彼が学校で急激に変わっていったのはこのときからでした。彼独自の世界に、セラピストという参加者が現れ、彼は〝一人ぼっちじゃない〟存在になったのです。セラピーの転回点となるべく、こころの中で何かが動き出したことを彼自身が語ったのです。それは、彼の世界に適応できずに〝先が思いやられる〟セラピストを成長させようとするものでした。人間は自分の姿は見えませんが、他者の姿は見ることができます。彼はセラピストの姿に自分を見つけ出し、自分自身に語りかけたのかもしれません。一週間後のセラピーで、セラピストが彼の目を見て話すようになると、彼も学校で人の目を見て話すようになっていったのです。セラピーの終結間際に、「世の中には社交辞令《しゃこうじれい》っていうものもあるからね」と言った彼の言葉が印象的でした。

その分野において有能な彼らと無能なセラピストとの関係性は、社会と彼らとの関係性と重なります。この一対一の相互関係によって、社会性の土台が築き上げられていったのでしょう。

彼らのこだわりを持つ独自の世界とその能力をいかに尊敬できるか、というのは、私たち大人が子どもに向かうとき、常に求められているテーマではないでしょうか。

自閉傾向のある子どもたちには、「純粋で嘘をつかない」という特徴があります。信頼に値する人格です。だからこそ、私たちの「いい加減な社会」を生きにくいのかもしれません。彼らは単に少数派であるために、私たちの世界で「発達障害」と言われているとも考えられます。この地球上に彼らのような特徴を持つ人の割合のほうが多ければ、私たちのほうが「発達障害」なのかもしれません。

本来の能力を発揮したＡＤＨＤと診断された少年

ある大学病院でＡＤＨＤと診断された中学一年男子のクライエントは、義務教育のほとんどが不登校でした。一分と座っていることができず、絶えず動き回り、人の話を聞くこともできませんでした。プレイセラピーの初期段

階では、玩具《おもちゃ》の刀を振り回し、部屋中動き回っている状態でしたが、セラピストは彼本来の姿をイメージしながら、注意もせず、ただひたすら彼のこころの世界を理解しようと関わっていきました。セラピーが半年過ぎた頃から、彼は、周囲に理解されない苦しみを語るようになっていき、徐々に落ち着いてきました。このクライエントにかかわらず、「発達障害」と言われる彼らは、幼少のときから傷ついていることが多いのです。

彼の母親も心理面接を受け、母親自身が自分の母親から守られなかったことを自覚し、〝こころの中の子ども〟の傷つきを治癒《ちゆ》することができたことも、彼が落ち着きを取り戻していく過程に機能したのです。

来室当初、自分の名前を漢字で書けなかった彼が、回復後に高校に進学すると、皆勤賞のうえに優秀な成績で卒業し、大学に現役合格しました。大学では優秀な成績を収めて新卒で就職し、現在は社会で活躍する立派な青年になっています。社会で能力を発揮し、多くの友人にも恵まれている彼のこの姿こそが彼本来の姿なのです。

学校関係者や保護者の方々の多くが、「発達障害」と言われる子どもたちを何とか援助したいと望んでおられると思います。子どもたちが回復するためには、「問題行動」だけに焦点を当てずに、大人自身が自らのこころを通して、子どものこころの世界を理解し、支えることが求められているのです。

4　人を支える〝こころの基礎〟は赤ちゃんや子どものときにつくられる

本書で赤ちゃんや子どものこころの世界を中心にお話ししてきたのは、現実の赤ちゃんや子どもだけが「大切」だからではありません。私たち大人が死ぬときまで本来の能力を発揮して、幸せに生きていくためには、誰のこころの中にも存在する〝内なる赤ちゃん〟が中心でなければならないからです。

「育児が大変」なのではなく自分の〝内なる赤ちゃん〟が大変

人間は誰もが「自分では何もできない」超未熟で無防備な赤ちゃんとしてこの世に生まれます。人間と同様、未熟な状態で生まれるカンガルーの赤ちゃんは、生後すぐに母親の袋に守られますが、人間の赤ちゃんは外界にさらされています。母親が自分の気持ちをキャッチして要求に応えてくれなければ、赤ちゃんにとって、この世は「絶望」の世界です。どんなに泣いても、母親に欲求や気持ちが伝わらない体験を繰り返すと赤ちゃんはどうなってしまうのでしょうか。

ある不登校の子どもの母親が、面接の中で次のように話しました。

「私は言葉で言われないと子どもの気持ちがわからない。でも娘は私が何も言わなくても、『うるさいと言った。言わなくてもわかる』と言います。きっと娘には赤ちゃんのときから、私が言葉で言わなくてもうるさいと思っていたことが伝わっていたんですね。母はいつも私に、『泣かない赤ちゃんだった』と言っていました。きっと泣き叫んでも伝わらなかったから、諦めちゃったんですよね。私の母はいつも、『大変、大変』って愚痴をこぼしていた。だから、私は母を助けるために、家の手伝いをよくやって、母のことを一番に考えてきた。母を中心にして自分は我慢ばかりしてきたから、自分の娘がぐずると腹が立って仕方がなかった。私の母がそうだったように、自分を中心にしてくれないと許せなかった。娘は今、半狂乱になって物を投げて『時間を戻して』と叫んでいる」。

赤ちゃんは言語に依存していない分、大人と比べて無意識でキャッチする能力が高いのです。母親が言葉にしなくても、「育児が大変」と思うだけで、それは赤ちゃんに伝わり、赤ちゃんのこころは傷つきます。「母親に迷惑や苦労をかけている」存在にさせられた赤ちゃんは、自分が世界の中心ではなく、母親が中心になってしまうのです。

成人した子どもに暴力を振るわれている母親が、面接の中で次のように語りました。

「娘に髪の毛を引っ張られ、引きずり回され、何回も何回も殴られ、蹴《け》られて、私は怖くて逃げました。娘から『私の人生を返して。あんたは逃げるけど、私は逃げるところがなかった』と言われました。本当に私は子どもを執拗《しつよう》に追いかけて怒っていた。自分の欲求不満を子どもにぶつけていたんです。それなのに、私は子どもに自分の人生を奪われた気がして、『育児が大変』と口癖のように言ってきました。でも、本当は育児が大変だったんじゃないんです。大変だったのは、自分のこころだった。『育児が大変』と言うと、周りからほめられる気がした」。

「ほめてほしい」と言う母親のこの欲求は、「私を見て、私をわかって、私を大切にして」という周囲へのアピールとなって現れ、それは記憶がなかったとしても、彼女が赤ちゃんだったときに、自分が〝世界の中心〟にいることができなかったことの証明なのです。

自分が赤ちゃんのときに〝世界の中心〟として母親から守り支えられて

いたなら、母親になったとき「育児が大変」という概念そのものがないでしょう。なぜなら、自分の赤ちゃんを支え守るようなメカニズムは、母親になるずっと前にすでにできているからです。「育児が大変」と訴える女性とセラピーをしていると、実は育児が大変なのではなく、自分が赤ちゃんのとき、母親に向けられなかった〝欲求〟を、日常の中で夫や子どもに向けていた、ということがわかってきます。

しかし真剣に自分のこころと向きあい、自分自身の〝内なる赤ちゃん〟の傷に気づき、さらに自覚することができれば、すでに傷の治癒は始まっているのです。

こころの中の赤ちゃんは老年期にも現れる

どんなに立派な建物でも、土の中の「基礎」やその上の「土台」が不安定であれば、少しの振動でも崩れてしまいます。土の中の「基礎」が目に見えないように、〝こころの基礎〟も目には見えません。そして、その大事な〝こころの基礎〟は赤ちゃんのとき（乳児期）につくられます。その次に大事な「土台」は幼児期につくられるのです。〝こころの基礎〟ができていない子どもに、「将来は立派な大人になってほしい」と願うのは、「基礎はどうでもいいから立派な建物を建てなさい」と言うようなものです。基礎の問題が、現実では強い不安や他者への依存などとして現れ、幸せになりにくくなります。

母親が「育児が大変」と思うことは、目の前の赤ちゃんを傷つけているだけではなく、自分自身の〝こころの中の赤ちゃん〟をも傷つけていることになるのです。自分を支える最も重要な部分を自分自身で傷つける――つまり心理的な自傷行為です。

八十歳以降の方でもセラピーの中で、赤ちゃんの自分が不安や恐怖に泣き叫んでいる夢やイメージを通して、〝こころの中の赤ちゃん〟の傷を自覚していくことがあります。こころの中の基礎である赤ちゃんは過去のものではなく、現在も生きている存在だからです。

老年期の方のセラピーをしていると、〝こころの基礎〟のあり様が人生を大きく左右していることがよくわかります。〝こころの基礎〟は、死ぬときまで人を支えているからです。たとえば、意識のエネルギーは無限ではありません。六十歳代頃からエネルギー残量が徐々に少なくなり始め、七十歳代以降は、それが顕著《けんちょ》になっていきます。〝こころの中の赤ちゃん〟が傷を負ったまま放置されていると、〝こころの基礎〟からエネルギーが供給されずに能力は落ちていきます。どんな高級車でもガソリンがなくなれば動かなくなるのと同じなのです。

「年老いると赤ちゃんに返る」とよく言われることがありますが、これは意識領域のエネルギーがなくなり、しかも無意識からエネルギーが供給されず、〝こころの中の赤ちゃん〟が、表面に現れた現象だと考えられます。この場合の「赤ちゃん」というのは、「傷ついたまま放置されている赤ちゃん」のことです。本来であれば、赤ちゃんのエネルギーは大きく、傷を回復させた赤ちゃんであれば、老いることはないでしょう。実年齢を重ねるほど、生きと能力を発揮して幸せになるためには、〝こころの中の赤ちゃん〟の傷を自覚し、本来あるべき〝こころの基礎〟を回復して、無意識のエネルギーが意識に供給されることが必要です。

5 耳では聞こえない子どもたちの「こころの声」を聴くために

耳で「言葉」を「聞く」ことと、自分のこころを通して相手の「こころの声」を「聴く」ことは全く別の行為です。本当の意味で相手を「理解」するためには、「聴く」ことが大切です。特にこころが傷ついた子どもは、こころの叫びを感じ、「聴いて」くれる大人（親）を必要としているのです。

「こころの周波数」を響き合う位置に合わせる

セラピーに訪れるクライエントの中には、自分自身の本当の気持ちがわからない方がいます。これは、無意識から上がってくる感情と意識が切り離された状態です。

そのような人のこころを理解するためには、相手の「言葉」そのものを「聞く」のではなく、言葉にならないこころの状態をとらえ、「聴く側」が自らのこころを通して感じなければなりません。無意識で感じていることを自覚していないクライエントの代わりに、セラピスト自身がそれを「感じる（聴く）」のです。これは、言葉でいうほど簡単ではありません。「聴く側」が自分自身のこころとどうつながっているか、ということが大きなテーマになってくるからです。

では、どのようにして「聴く側」は、自分のこころを通して相手のこころと交流していったら良いのでしょうか。

たとえば、ラジオの場合、チューナーで周波数を合わせます。周波数が合わなければ音は聞こえてきません。私は、人間関係も同じ原理だと思っています。お互いの「こころの周波数」が合わなければ、他者のこころとコミット（関わり合い）しないからです。これはセラピーの中での人間関係に限らず、日常の人間関係でも同様のことが言えるでしょう。「こころの周波数」が合うためには、「聴く側」が自分自身の「こころのチューナー」で、相手と一致する位置、それも一方的に相手に合わせるのではなく、お互いが響き合う位置を探して見つけなければなりません。

この「周波数」や「チューナー」という用語は、心理学の世界では使用されません。心理学の用語に置き換えれば、「共鳴」や「交互作用」という表現になるのかもしれませんが、これまで私は「周波数」や「チューナー」以上に適切に表現できるものはないと感じてきました。

この「こころの周波数」という表現は、人と人との交流に限らず、生きとし生けるものすべてに通じるのではないでしょうか。

かつて私がある心理領域の学会で研究発表をしたとき、フロアーの参加者から、「セラピストの『聴く能力』を高めるにはどのような訓練をしたらいいか」という質問を受けたことがありました。私が「動物との交流も一つだと思います」と答えると、会場から一斉に失笑が起こりました。

このエピソードからもわかる通り、理解されにくいことかもしれませんが、お互いの「周波数」が合う位置までこちらが「チューナー」を合わせていけば、動物ともこころが響き合うことが可能です。

一つの具体的な例として、野鳥との体験をお話ししたいと思います。

ある日、私はウグイスと交信したいと思い、空に向かって「ホーホケキョ」と鳴き真似《まね》をしました。するとどこかからか、「ホーホケキョ」という鳴き声がしてきました。姿は見えませんが、一羽のウグイスが、私にお手本を見せてくれるためにどこからかやってきたのです。他の鳥への縄張《なわば》り宣言をしているのだと思われる方がいるかもしれませんが、私には紛れもなく、ウグイスがマンツーマン指導をしてくれている、と感じました。私が「ホーホケキョ」と鳴くと、ウグイスは、すぐさま「ホーホケキョ」と鳴き返し、それを何度も何度も繰り返しました。「ウグイス先生」は、だんだんと、ちっとも上手《うま》くならない私にあきれ果て、少しイライラして、空中に響き渡るようなヒステリックな大きな声で鳴き声をあげました。

何とか「ウグイス先生」の熱心な指導に応えようと、私は一生懸命に真似をしましたが、なかなか上手くなりません。いつのまにか、上空のいたるところから、他のウグイスたちの「ホーホケキョ」の鳴き声が聞こえてきました。大勢のウグイスたちが、われもわれも「違う、違う、そうではない」と口々に言い始め、あっという間に、マンツーマンの指導ではなくなり、〝集団指導教官〟と〝一人の生徒〟という構図の教室になりました。ウグイスの教官同士が競い合い、「自分が一番教えるのが上手い」と主張して、だんだんと互いに大きな声になっていったので、大音響になりました。まるで、巨大な空のスピーカーからエコーつきの「ホーホケキョ」の大合唱が響き渡っているようでした。けれども不思議なことに、私が鳴いている間だけは静まりかえり、下手《へた》な鳴き声を皆がじっと聴いているのです。「ウグイスの先生たち」が一番を競い合いながら、無償で未熟な生徒の私に熱心に教えてくれるので、申し訳なくなる思いがしました。その後も何度もウグイスの教官たちは、熱心に鳴き声の指導をしてくれました。まさに「ホーホケキョ」の鳴き声の恩師です。

人と動物は種類が違う生き物ですが、お互いの〝周波数〟が合う位置が見つかるまで、こちら側が〝チューナー〟を合わせていけば、響き合うことが可能です。

人と人は同じ種類の生物なのですから、こころの交流ができないはずはありません。ではなぜ多くの子どもたちが、「大人には本当の気持ちが伝わらない」と訴えるのでしょうか。

叫びをあげるこころの声を聴くために

高校生の息子の家庭内暴力に悩んでいるある両親が、インテークで次のように訴えました。

「私たちは子どもに教育もしつけもしっかりしてきたつもりです。物ごとの善《よ》し悪《あ》しも教えてきました。人並み以上にお金もかけて、話も聞いてあげました。それなのに、高校生になった頃から急に暴れ出すようになって、最近では私たちに『ぶっ殺してやる』と叫んで、暴力を振るうようになったのです。ずっと優しくて素直ないい子だったのに、受験に失敗して、不良のいる高校に入ったせいで、悪い友だちの影響を受けたにちがいない。今の息子は狂っています。このままでは私たちは殺されます。どうか助けてください」。

この両親は社会的な立場のある方々でした。「話を聞いてあげた」という表現からもわかる通り、子どもの気持ちを感じようとするのではなく、子どもの「言葉」だけを、両親は「耳」で「聞いて」いたのでしょう。自分たちだけが「被害者」になって、彼のこころの痛みが「聴け」ないのです。私は、「あなたたちが息子さんの悲痛な叫び声を聴けるようになることが大切です」と伝えました。

家族がセラピーを受けることで、子どものこころの声を「聴ける」ようになり、子どもが落ち着いた事例は多くありますが、

この両親は子どもがセラピーを受けることを依頼しました。

この男の子は、セラピーの中で両親との関係を語りました。

「あの人たち（両親）は自分たちの立場ばかり考えている。いくら話しても通じない。説教ばかりで僕の気持ちをわかろうとしてくれたことは一度もなかった。ずっと我慢してきた。『ありがとう』『ごめんなさい』ばかり言ってきた。そう言うと、あの人たちの機嫌が良くなるから。でも、もう嫌だ。限界なんです。壊れた機械みたいに（暴れるのを）止められない」。

私は、暴力を振るわざるを得ない彼の苦しみを感じながら聴き続けました。

自分一人孤立し、「悪い子」にされていたこころの痛みを、誰か一人でもわかってくれる人がいれば、その子どもは不思議なぐらい落ち着いてきます。この事例の男の子もそれ以後、暴れることはなくなりました。「聴く」ということは、警察の事情聴取でもなく、もちろん単なるインタビューとも違います。セラピストは、こころの「苦しみ」を聴くのです。これはプレイセラピーでも同様で、子どもたちは箱庭遊びなどを通して「自分がどういう傷を負っているか」を表現します。それをセラピストはこころでキャッチして感じるのです。

大人（親）が子どものこころの声を本当に「聴く」ことができれば、それがこころの守りや支えとなって、子ども自身の中にある治癒力が動き始めます。そして、その結果、こころの傷を回復していくことができるのです。

終章

小鳥が教えてくれたこころの交流

小鳥が教えてくれたこころの交流

前章では、動物との交流を、こころの周波数を合わせるという観点からお話ししましたが、ここでは、私が偶然関わった動物のおかげで、その動物とのこころの交流を通して、セラピストとしてこころの声を聴くための臨床訓練をさせてもらった経験についてお話しします。動物は言語を介さないので言葉ではごまかせませんし、当然のことながら、動物と交流する決まりきったマニュアルなど存在しません。それゆえに、動物との交流は、人間のこころの声を聴くよりもある意味難しいと言えるかもしれません。

しかし、どんなに小さな生物でも、こころがあります。もしも、その生物のこころの声に耳を傾け、本当に「聴く」ことができれば、人間と同じようにこころの傷つきから回復していくことができることを、さらには、こころが支えられることで生命の危機さえも乗り越えられることを、私は小さな生物から学ばせてもらいました。

こころの傷つきからの回復について、私が長年にわたって関わった「小鳥」との関係を例に挙げて考えていきたいと思います。

小鳥の赤ちゃんとの出会い

ある日、私は一羽の小鳥の赤ちゃんに出会いました。出会った場所は、あるデパートの中のペットショップです。私たちにとって運命的な出会いでした。

その日、私は友人と一緒に、生まれて一カ月ほどの小鳥の赤ちゃん（雛《ひな》）を見ていました。さまざまな赤ちゃんが、種類分けされた箱の中で元気に動いています。ところが、置物のように動かない赤ちゃんがポツンと一羽だけ箱の中にいます。その赤ちゃんはセキセイインコの赤ちゃんよりひと回り大きいように見えました。背中は緑色で、胸の辺《あた》りは鮮やかな青色の美しい赤ちゃんでした。南国の小鳥というイメージです。他に同じ種類の赤ちゃんはいませんでした。

あとでわかったことですが、同じ種類の赤ちゃんはすべて売れてしまい、病気にかかっていたこの赤ちゃんが一羽だけ残っていたのでした。その赤ちゃんを見ている私に、ペットショップの店長が近づき、次のように言いました。

「この鳥は非常に珍しいですよ。なかなか手に入らない代わりに、セキセイインコと違ってとても弱いのです。よほどの愛情をかけられる人にしか育てられません。非常に飼うのは難しいのですけど、お客さんなら大丈夫でしょう。どうですか。二万円のところを一万円にまけておきましょう。特別サービスです。うまく育てたら七年くらい生きられますよ」。

私は、営業トークで小鳥の赤ちゃんを売ろうとしている店長の顔を見ながら、どうしようかと悩みました。なぜなら、その赤ちゃんは見ている間中も全く動かないのです。店長が手に取っていいと言うので、掌《てのひら》に乗せてみました。しかし、目も開いていません。他の赤ちゃんは奪い合うように餌《えさ》を食べているのに、手の中の赤ちゃんは、羽のように軽く、ぬいぐるみのように動かないのです。

「お客さんなら、育てられるでしょう」や「一万円にまけておきましょう」などという上手い言葉に騙《だま》されたわけではありませんが、なぜ、この子だけ動かないのかが気になり、そして何よりこの赤ちゃんの美しさに魅了され、私は手に取ったのも何かの縁かもしれないと思ってこの赤ちゃんと家族になろうと決心しました。一緒にペットショップに行った友人は、食欲もあり元気に動き回る別の種類の小鳥を選びました。

のちに、（一年後にこのペットショップに赤ちゃんを連れて行ったとき）この店長は、「死ななかったのは奇跡だ」と目を丸くして言いました。

小鳥の赤ちゃんの回復

この日から、置物のように動かない赤ちゃんとの関係が始まりました。赤ちゃんは目も開かず、餌も食べないので、動物病院に連れて行きました。「死にかけている」というのが獣医の診断でした。赤ちゃんは目が見えず、声も出ず、動けず、の三重苦でした。そのような状態を治す特効薬はないと言われましたが、飲み薬と目薬を処方されました。一カ月生きればいいほうだと宣告されて、絶望的な気持ちで赤ちゃんと一緒に帰って来ました。

それから赤ちゃんの健康が回復するための取り組みが始まりました。といっても、目に見えることとしてやっていたことは、お湯でドロドロにした離乳食《りにゅうしょく》の餌を冷ましながら、スポイトとスプーンを利用して三時間おきに食べさせるという単純なことです。食べたもののほとんどは飲み込めずに吐き出しましたが、生命を維持させるだけの栄養はかろうじて補給できました。そして獣医から処方された目薬と飲み薬は食後に与えました。

この関係は一見すると人間の育児のようですが、獣医でもない私が何をどうしたら赤ちゃんを助けられるのかわからず、全くの手探りでした。ただ唯一の希望は、赤ちゃんに私の声が聞こえているということでした。そのことを証明することは難しいのですが、赤ちゃんが私の話を聴いていることが伝わってきました。赤ちゃんの身体は動かなくても、こころは反応し、動いていたのです。

そうして一カ月経ったある日、奇跡が起きました。赤ちゃんの目が開き始めたのです。私は言葉にできないほどの感動を覚えました。大きくて愛らしい丸い目でじっと見つめられた私は、頭に血が上り、鏡を見なくても、自分の顔が真っ赤になっているのがわかりました。まるで夢を見ているようでした。

一緒にペットショップに行った友人は、そのとき購入した小鳥の赤ちゃんが元気いっぱいに飛び回るので、外に逃げないように羽を切っていると話していました。一方、私は、赤ちゃんの目が開いただけで感激しているのですから、あまりの違いでした。けれども、感動のエネルギーというのは、想像以上の効果をもたらしてくれました。

置物のように動けなかった赤ちゃんが、その後、自分の足で歩き始めました。わずかですが、自分から離乳食も食べ始めました。私は、一つ一つの赤ちゃんの変化に歓喜し、赤ちゃんの生命力や、可能性に敬意を覚えました。もしかしたら、赤ちゃん自身も自分の中の可能性を感じていたのかもしれません。

その二カ月後に赤ちゃんは飛び始めました。食欲も旺盛《おうせい》になり、大きな甲《かん》高《だか》い声で鳴き始めたのです。この約三カ月間、赤ちゃんは小さな敷き布団に人間のように横になって寝て、小さな掛け布団をかけていました。その小さな布団セットは、私の祖母が赤ちゃんの身体の大きさに合わせて手づくりしてくれたものです。健康に飛び回るようになってからの赤ちゃんは、いつの間にか、籠《かご》の止まり木につかまって眠るようになり、布団では寝なくなりました。

赤ちゃんはなぜ奇跡的に回復することができたのでしょうか。目薬と飲み薬と、離乳食を三カ月にわたって食べさせたということだけではないことは明らかです。赤ちゃんは危機的な状況の中で、じっと動かず、回復を待っていたのでしょう。ささやかですが、私の援助を得て、赤ちゃんの自然治癒《ちゆ》力が機能し、それが病理克服を可能にしたのではないでしょうか。

それ以来、十五年半、赤ちゃんは病気もせずに元気に生き抜きました。ちなみに、一緒にペットショップに行った友人の元気な赤ちゃんは、一歳でこの世を去ってしまいました。ポックリ死んでしまったと言います。（もちろん、元気な雛はすぐに死んでしまう、ということではありませんので、誤解のないようにお願いします）

小鳥の怒り

小鳥の赤ちゃんは、ポカリという名前になりました。ポカリは成長して、赤ちゃんではなくなりました。しかし私はポカリの羽を一度も切ったことがありません。なぜなら逃げるということがないからです。ポカリはいつも洋

服のポケットの中か肩の上に乗って、私と一緒に外出していました。

買い物に行くときも一緒でした。ポカリは自宅がある四階からの下り階段は肩に乗っているのに、買い物を終え、階段を上るときは、私の肩から降りて先に飛んでいくのです。私は毎回ポカリを追い、階段を駆け上がり、息を切らせていました。私には羽がなく、おまけに荷物を持っているので、余計に追いつけません。

ポカリは決まって自宅のドアの前の廊下に立ち、私を待っていました。目を吊り上げ、肩をいからせ、「ビービー」と甲高い声を張り上げて、「遅い、遅い」と怒っているのです。それは毎度毎度のシーンでした。ポカリの声が廊下に響き渡るので、近隣の家のドアが次々と開き、皆、顔を覗《のぞ》かせ、ポカリを見てから、私を見て、気の毒そうに笑いながら、「またポカリちゃんに怒られている」と口々に言っていました。怒っているポカリと怒られている私、この光景はちょっとした滑稽《こっけい》な名物シーンになっていました。

ポカリは羽を切られていないので、自分の意志で遠くに行こうと思えば、いくらでも行けますが、私は、まさかポカリに限って勝手に遠くに行くことは絶対にない、と思っていました。

しかし、それは私の思い込みでした。絶対にない、ということはなかったのです。にわかには信じられないことですが、ポカリは意図的に家出をしました。一つの理由で二度の家出です。一度目は距離も時間もロングの家出ですが、二度目は距離も時間も短いプチ家出でした。

ポカリが五歳になった頃、私は熱帯魚を育て始め、その美しさに見とれ夢中になっていました。私はポカリの部屋（鳥籠）に背を向ける形で、三つの水槽に泳ぐ熱帯魚のお世話をしながら、気がつくと、口をポカンと開けて見とれていることもたびたびありました。

あるとき、ポカリがいないことに気づきました。窓を開け放したベランダから外に出たことはわかりました。それ以外に外に出る方法はないからです。自分で部屋（鳥籠）のドアを開けて自由に出入りするのはいつものことでしたが、家から勝手に外に出ていくというのは、それまで一度もありませんでした。

当時私は十一階に住んでいました。ベランダから外に向かって何度名前を叫んでも戻ってきません。外に出て探しましたがどこにも見当たりません。夜になっても見つからず、翌日になっても帰って来ないので、管理人の許可をもらい、「尋ね鳥」として写真とポスターを貼り出しました。

数日後、管理人から連絡が入りました。離れたマンションで保護されていたことがわかったのです。ポカリが無事であったことに安堵《あんど》し、喜び勇んですぐに迎えに行きました。ポカリは、籠の中に入っていました。私は〝迷子になって、ポカリはどんなにこころ細い思いでいただろう。迎えに行ったら、喜んで飛びついてくるだろう〟と、勝手に想像していましたが、それは全くの的外れでした。

迎えに行った私の顔をポカリは見ようともしないのです。手を差し伸べると思いきり噛《か》んできました。ポカリのくちばしの先は鋭いので、ちょっと跡がつきます。ポカリは目を吊り上げて怒っていました。何が原因かわかりませんが、その怒りの表情に、ポカリは家出をしたのだと確信しました。私は嫌がるポカリを自宅に連れ帰りました。

その後、保護してくれた方にお礼のご挨拶《あいさつ》に行きました。若い男性でした。外からビービーと鳴く声が聞こえたので、ドアを開けると小鳥が飛んで来て肩に止まったといいます。

「きれいで人懐《ひとなつ》っこかったので迷い鳥だと思った」と言いました。まさか、小鳥が家出をして、「泊めてください」と言ったなどと思うわけもありません。おそらくポカリは、私を懲《こ》らしめるために、しばしの間、見も知らない人にかくまってもらいたかったのでしょう。

その晩は何事もなかったのですが、翌日の朝にポカリはまたもいなくなりました。ベランダに出て名前を叫ぶと、隣に住む年配の女性が、「この小鳥のことですか?」と笑顔で言うのです。ポカリはその女性の肩に乗っていました。

ベランダからベランダに飛んで行ったのだと思ったのですが、その女性の説明は違いました。「ピーピー」というような声が聞こえたので、玄関のドアを開けたけれど誰もいない。下を見ると、廊下に仁王立ちで立っている小鳥がいたので驚いたと言います。ポカリはすぐに女性の肩に止まって、耳元で「ピーピー」と鳴き、そのまま家の中に入り、ずっとその女性に甘えていたようです。今考えても不思議なのですが、ポカリが外に出る方法はベランダからしかなく、どうやって反対側の十一階の玄関に回ったのか、謎のままです。

私が手を差し伸べると、前日と同様に拒絶されました。それだけではなく、ポカリは女性の首元を舌でぺろぺろと舐《な》めています。私が声をかけて目を合わせようとしても、無視をするように、「フン」と顔を逆側に背《そむ》けるのです。その女性は私たちの応酬《おうしゅう》を見ながら、苦笑しています。よほど、小鳥は帰りたくないのだ、と思ったのでしょう。その通りでした。またも仕方がなく無理やり連れ帰りました。ポカリは私の指を何か所か力いっぱい噛みました。

どうしてこんなにポカリが怒っているのかわからず、それから、私はずっ

と考えていました。そんなとき、何気なくふと目を向けた先に、美しい熱帯魚たちがいました。その瞬間、背中に冷たい視線を感じ、私に悪寒《おかん》が走りました。振り返ると、ポカリが怨念《おんねん》の目で私を睨《にら》んでいるのです。このとき、私はようやく気づきました。ポカリは熱帯魚と私の関係に嫉妬《しっと》していたのです。早く気づいていれば、ポカリは「家出」という「行動化」をして、訴えなくてもよかったのだと思うと、私はポカリにどう償《つぐな》っていったらいいのかわからず、相当に悩みました。

ポカリのこころは傷ついていました。私がポカリのこころを傷つけてしまったのです。本来まん丸の愛らしい彼の眼は、傷つきによって吊り上がり、別人ならぬ別鳥のように顔つきまで違って見えました。私とは目を合わせようとしないことが、彼の傷つきの深さを物語っていました。

ポカリと私との関係は、子どもと母親、クライエントとセラピストの関係に置き換えることができるでしょう。

生まれてすぐに身体の障害があったポカリにとって、私は日常の現実の母親と、非日常のこころのセラピストの両方の存在だったのかもしれません。その自分を支え守ってくれる者が、自分以外の存在にこころを奪われたことから来る傷つきが、「家を出る」という大胆な行動を起こさせたのでしょう。たとえ、小さな小鳥であっても、その傷つきをわかってもらえなければ、怒りを「心理化」できずに、「行動化」へと走ってしまうことを教えられました。

小鳥の傷つきの回復

どうしたらポカリのこころの傷を回復することができるのか。当然のことながら、マニュアルはありません。思考で考えるよりも先に、私は必死に謝りました。気がつくと私は、仁王立ちのポカリの前で、土下座をして額を床に擦りつけるような格好で謝っていました。けれども、いくら土下座をしても、ポカリの身長が小さすぎて、私の頭の位置はポカリよりも高くなってしまいます。このとき、ポカリが時代劇のお殿さまになったイメージが浮かび、「お主、頭《ず》が高い」というセリフもイメージの中で聞こえてきました。

この姿を誰かに見られたら大笑いされるかもしれません。それでも格好をつけている余裕はなく、どうしたらいいのかと困り果てたときに、ふと、ポカリのお布団のことを思い出しました。そして、その小さなお布団を私のベッドの棚の中に敷き、そこにポカリに立ってもらいました。すると、土下座する私の頭よりも、ポカリの位置が高くなり、私を見下ろす格好になりました。

小鳥に土下座の意味などわかるはずがないと思われるかもしれません。けれども不思議なことに、ポカリは傷つけられたこころの痛みをわかってくれたと感じたのでしょう。この土下座謝罪を毎日して一週間経ったある日、吊り上がっていたポカリの両目が、本来の丸く愛らしい眼になったのです。そして、私と眼を合わせ始めました。人間の掌に乗るほどの小さな小鳥であっても、自分の気持ちをわかってくれたと感じると、こころの傷を回復させることができることを、ポカリは証明してくれました。

この一週間、ポカリは赤ちゃんのときのように、夜はお布団で寝ました。朝になるとお布団から起きて、飛び回って遊んでいました。ポカリの友だちは、観葉植物のポトスでした。ポトスの幹に乗ったり、葉に隠れたり、じゃれたりしていつも一緒に遊んでいました。

こうして、ポカリは家出事件からこころの傷の回復までのプロセスを展開していきました。私は、ポカリを二度と傷つけないために、熱帯魚好きの知人に水槽ごと譲り、熱帯魚とお別れしました。それからのポカリは二度と家出をしませんでした。

心理的な本当の親子関係

ポカリは男の子です。このまま、恋愛や結婚もしないままでは、気の毒だと勝手に思い、小鳥専門のペットショップの店主に仲人《なこうど》をしてもらい、何度もお見合いをしました。けれども、どの小鳥ともうまくいきません。店主お勧めのどんなべっぴんさんでも、ポカリは嫌がり、全身の毛を逆立《さかだ》てて逃げるのです。

店主が「一番色っぽいマリリンモンローのようなメスですよ」と、籠の中でお見合いをさせたときなどは、ポカリは悲痛な悲鳴をあげて逃げまくり、それでも迫られると、相手に噛みついていました。そのまま放置したら、相手の女性は深いケガをしてしまうし、ポカリもストレスで死んでしまう、と思ったほどでした。

店主は「鳥嫌いのようだから無理かもしれない」と言い、諦《あきら》めかけていたとき、生まれて一カ月の小鳥の赤ちゃんをポカリに近づけてみました。すると毛を逆立てて嫌がっていたときとは全く逆の反応を示しました。ポカリはその赤ちゃんのそばに優しく寄り添い、赤ちゃんも安心しているようでした。

店主は「ううん、成熟した女性はだめだけど、子どもは好きなんだな。ロリコン（ロリータコンプレックス）だね」と、したり顔で言いました。失礼なことを言うと思いながら、もしも、お互いが一目惚《ひとめぼ》れしたなら幸せだと思い、この赤ちゃんをポカリの妻に迎えることにしました。（この時点では、まだ赤ちゃんだったので、女の子である確証はなく、のちに女の子であることがわかりました）

それから、ずっと二人は仲良しでした。ところが、仲良しといっても、夫婦ではなく、親子になってしまったのです。女の子の名前はカオリちゃんといいます。ポカリはカオリちゃんのお父さん（お母さん）になり、カオリちゃんは、ポカリの娘になりました。お見合いの日から、しばらくの間、ポカリは自分が一旦《いったん》餌をくちばしの中に入れて、それから咀嚼《そしゃく》してドロドロにしてからカオリちゃんのくちばしの中に優しく入れて食べさせていました。かつて、ポカリが赤ちゃんのときに、私がドロドロにした餌をスプーンや注射器で食べさせていましたが、今度はポカリがカオリちゃんに同じことをやっているのです。ポカリはどんなときもカオリちゃんを支え守っていました。ポカリとカオリちゃんは血のつながりはなくても、正真正銘の本当の親子でした。

小鳥のこころの治癒力

そして、家出事件から十年が経った十五歳の夏のある日、ポカリは止まり木に止まることができなくなり、地面に落ちました。身体は伸びきり、動きません。老衰死だと思いました。私は、小さなポカリを掌に乗せ、「またかくれんぼして遊ぼうね」「また駅員さんごっこしようね（ポカリはくちばしで細かく切符を切るように紙に穴をあけるのが趣味でした）」など、一晩中語りかけ、動かないポカリと対話しました。対話といっても、声を出して話しているのは私だけで、ポカリは声を出しません。ポカリに身体の反応はありませんでした。

私の眼から、とめどもなく涙がこぼれ落ちて、ポカリの身体が涙で濡れてしまいました。より一層ポカリの身体が細くなってしまい、羽のように軽い体重とあいまって、あんなに存在感があったポカリの身体が、今までの半分以下になってしまったように感じました。そのとき、ポカリがお布団で眠るイメージが浮かび、あの家出以来一度も使っていなかったお布団を出し、そこに固い身体になったポカリを寝かせて、掛け布団もかけました。

翌朝、信じられないような光景を目にしました。前日に死にかけた、いや死んでいたポカリが飛んでいるのです。翌日には餌も食べ出しました。さらにその翌日には、お布団では寝ずに、カオリちゃんの待つお部屋に戻りました。カオリちゃんの喜びようは言葉では言い表せないほどです。カオリちゃんはポカリが止まり木から落ちたときから、ショックのあまり、一日で一気に老けてしまいましたが、また若々しさが溢《あふ》れてきました。それから六カ月間ポカリは何事もなかったように元気に生きました。

人間に限らず、小鳥にも無意識があることを、ポカリが身をもって証明してくれました。外側からの治療では、回復することは不可能だったでしょう。誰がポカリを生き返らせてくれたのかと追求したくなります。ポカリは死んだように見えましたが、生きていたのでしょう。身体は動かなくても、こころの中は動いていたのだと思います。一晩中、私はポカリと対話していました。そのときポカリの身体は死んでいても、無意識は私の声を聴いていたのでしょう。

人間にこころ（無意識）の世界があるのなら、同じようにこの世界に生きている動物にもこころ（無意識）の世界があることは自然なことではないでしょうか。もしかすると、文明が発展しすぎた現代に生きている人間のほうが、動物よりも無意識とつながらなくなっているのかもしれません。このポカリのエピソードは、無意識の治癒の可能性を教えてくれた貴重な体験になりました。

小さな小さな身体のポカリですが、その存在の大きさは横綱級でした。私はなぜか、愛らしい瞳のポカリよりも、目を吊り上げて怒っているポカリを今も愛おしく思い出します。ポカリは見捨てられることはないという自分の価値を知っていたからこそ、顔色をうかがうことなく、媚《こ》びることなく、思い切り怒ることができたのです。血のつながりはない私を、他人ではなく本当の家族と認めてくれていたことの証明です。どれほどありがたく、幸せなことか。この財産はお金で換算することはできません。

ポカリの治癒のプロセスは、現在の多くの引きこもりの方々への大きな「希望」になると思います。なぜなら、ポカリは身体の障害を回復するために、引きこもっていたからです。布団に寝ていたポカリは太陽の光も浴びず、目が見えないため暗闇《くらやみ》の世界で、じっと動かず、うずくまっていました。引きこもることには大切な意味があるのです。ただし、引きこもっている間に周囲からの批判や攻撃を浴びせられては、回復することはできません。

ちなみに、日本で最初の「引きこもり」は、日本神話の中の太陽神アマテラスでしょう。暴れん坊の弟スサノヲとの関係に傷ついたアマテラスが岩戸に引きこもった「天岩戸《あまのいわと》こもり」はよく知られています。この神話は、「引きこもる」ことが、傷の回復のために必要であることを私たちに示してくれているのではないでしょうか。

私は小鳥のポカリから、無意識とつながることが、いかに回復のために大きな力を持つのかを学ばせてもらいました。

臨床現場で、重篤《じゅうとく》な状態のクライエントの援助が行き詰まり、追い詰められても、「諦めちゃだめ」とポカリが応援してくれているような気がすることがたびたびあります。ポカリとの体験は、現在もセラピストとしての私を支えてくれているのです。

この場を借りて、今は亡き小鳥のポカリに感謝の気持ちを捧げたいと思います。

解説

精神科医・医学博士　富澤 治

網谷由香利先生（以下、著者）は「どんなケースでも希望を捨てない」という意味では随一のカウンセラーといっても良いのではないでしょうか。

私は著者を指導していらした先生からご紹介をいただき、交流を持たせていただくようになりましたが、著者の行う治療はまさに「壮絶」というにふさわしく、何かの折に触れるたびに、著者の治療に対する鬼気迫る熱意を感ぜずにはいられません。本書はそのような著者の臨床に対する真摯《しんし》な姿勢が強く反映された一般向けのものとなっています。

第一章で著者は「いじめられる子」と「いじめる子」の傷つきを述べています。

「いじめは良くない」というのは全くもっともなことで、いじめの問題が取り上げられる都度《つど》に声高《こわだか》にいじめる側を糾弾《きゅうだん》することが繰り返されます。しかし正しすぎるくらい正しいこのことをいくら強調しても、いじめそのものはなくなりません。「なぜ人が人をいじめるのか」そのことに対する理解なくして解決はあり得ないでしょう。

「いじめる側も傷ついている」という著者の指摘は、いじめを実際に減らす上で非常に重要です。「攻撃性」や「怒り」といったものは「喜び」や「愛情（愛着）」と同じように人間の精神活動の本質に根ざすものです。そのような人間存在に根ざす攻撃性や怒りをどのように自分の心で受け止め、どう扱ったらいいのかというようなことを考える上で心理療法は役に立ちます。同時にこのような攻撃性の発露《はつろ》が「いじめ」という現象として現れたとき、それを社会的にどう扱ったらいいのか、ということが学校や当事者の家族、場合によっては法曹や医療、福祉、心理などの領域の関係者に問われています。このような意味でも著者の指摘は示唆に富むものです。

学校に行くことが死ぬほどつらければ、行くのをやめればいい。それを実現するためにはこころにゆとりがなくてはできませんし、社会的に心配なく休める制度や受け皿、準備がなくてはいけません。しかしどんな関係者であれ「実際に死んでしまう」ということに比べたら、学校に行くことをやめることに賛成し、これに協力することでしょう。

残念ながら現実にそうならずに追い詰められて自殺してしまったりする場合があるのは、いかに人が人の気持ちを本当に知り、感じ、理解することが難しいかということを物語っています。

いじめられたり、不登校になったり、自宅に引きこもったりする子供を受容的に受け止める親もたくさんいます。そのようにして「守られた」人は誰かの助けを借りて、本当の自分を取り戻す場合も少なくないのかもしれません。しかしそうでない場合、守られていない場合どうするか。それが社会全体に問われているのです。

第二章で著者は子供にとって、特に彼らが幼ければ幼いほど、母親の構え、姿勢、気持ちがいかに強く子供のこころの安定に影響するかを述べ、現代の母親自身がいろいろな面から「追い詰められている」ことを指摘しています。

著者が指摘するように子供（乳児）は自分と母親とが違う別々の存在である、ということを「知らず」、まず母親から一方的に守られ、やがて母親の支えによって、母親と別の存在としての自己を確立していきます。このことを明確な形で指摘したのは、小児科医であり、児童の精神分析家でもあったウィニコットです。

ウィニコットは母親が乳児を抱えながら、同時に自分の抱えている乳児が「攻撃性」や「怒り」を自分に対して向け、爆発させたとき、「復讐心を抱かず」それを受け止める対象となっていることが、乳児が生きていく上で必要なことだと述べました。ウィニコットはそれを「生きる準備」と言いました。

著者が強調していることも治療者が自分のこころを動かして、真にクライエントのつらさや傷つきを「知る」ことの重要性です。それは単なる「知的な理解」とか「主観性を廃した客観的な把握」などというものとの対極にあるものです。子供たちを具体的にどのような環境で養育するべきか、ということに関してはさまざまな意見があるでしょうし、著者も自身の見解を述べていますが、本質的に重要な点は母親がどうすれば自分自身のこころを動かして、子供の気持ちを受け止め、理解し、共感できるかということです。

第三章で著者は「(代)ミュンヒハウゼン症候群」と発達障害のケースを通じてさらにこの課題を掘り下げ考察しています。ウィニコットは、先に述べた「生きる準備」が十分行われない――著者も述べるように母親が「自分はこんなに大変なんだ」というような態度を子供に見せる――と、子供は本当の自分を生きることができなくなり「偽りの自己」を発達させると指摘しています。

母親自身や社会全体に「ゆとり」とか「遊び」、「隙間《すきま》」といったようなものがないと、本当に他者(もちろん自分の子供も含みます)に対する思いやりや愛情は生まれません。

著者が本書の中で指摘しているさまざまな社会システム上の問題(乗り越えるべき課題、と言ったほうが適切かもしれませんが)も母子関係がそうであるのと同じように、結果としてゆとりをなくしてしまう方向へ進んでしまった部分もあるのでしょう。

日本に限らず産業革命以降、近代から現代の社会は、人間の労働形態や家族のあり方を急速に変容させてきました。それらの変化がすべて悪かったわけではないでしょう。結果として二十世紀から二十一世紀にかけて「人口爆発」と言われるほど世界人口は急増し、先進国は文明を発展させました。そのような発展と表裏一体となって現代特有のさまざまなこころの問題はあるのです。

現代においては、あらゆる言説や主義主張、技術などは「科学的」、特に「自然科学的」であることが、その正しさの根拠として最も説得力を持つように思われています。科学や自然科学の定義自体さまざまですが、科学とは「真実（真理）を知ろうとする行い、学問」と一般にはされており、このような立場から見ると自然科学とは対象が「自然」であって、「人間がそこにいなくても真実であるような法則を発見すること」となります。

「人間がそこにいなくても」ということはつまり、「主観的でない」「客観的である」ということです。あるいは他の人が実験しても、誰がやっても同じような結果が出るような法則（真理）を求める、ということになります。

人によって結果や評価が変わってしまうものは確かなものでなく、客観的に誰が見ても正しいと思えるような、あるいは人がいなくても変わらない動かしがたいことこそが真理に近い、という発想です。純粋に自然の真理（法則）を求める物理学や天文学などはもちろん医学や心理学などの「実学」でも、「自然科学的に正しい」ことが治療行為の正当性を保証するものとして考えられがちです。

例えばうつ状態の患者さんを連れて来て「うつの薬」を飲んでもらうとします。薬Aを飲んだ百人の患者さんのうち七十人が良くなり、薬Bを飲んだ百人の患者さんのうち四十人が良くなったとします。そのことから「薬Aのほうが薬Bよりも有効である」「薬Aは薬Bよりも一・七五倍有効である」と言えるでしょうか？　何となくその通りのようにも思えますが、すんなりとは腑《ふ》に落ちない感覚もあるのではないでしょうか。

「薬」という一見全く人間と切り離されたように見える「外在する物質」である場合以上に、人と人とが関わる「心理療法的介入」ということになると、話はさらに難しく、自然科学的には評価しがたくなる面が強くなります。

先に述べたように、人が人を真に知り、理解し、共感するためには相互の主観性抜きには語れません。それは「人間が存在しなくても正しい」というような主観性をできるだけ排除した価値観と対極にあるものです。

「自然科学的な根拠」と言いましたが、「薬Aを飲んだほうが薬Bを飲んだ人よりも良くなる人が多かった」という結果は意味のあることです。

しかし現実の臨床では「薬Aを飲む自分」と「薬Bを飲む自分」と「何も飲まない自分」という三通りの自分を同時に生きることはできません。また、薬Aを飲む自分を選んだ場合でも「飲んで良くなった」か「飲んでも良くならない」かは百パーセントか〇パーセントです。「七十パーセント良くなる」ということは「主観的に七割方」という意味ではあり得ますが、客観的なものではあり得ません。ましてや「Cという人の感じている『うつ』」と「Dという人が感じている『うつ』」が「同じもの」だとどうして言えるでしょうか。Cさんの人生とDさんの人生は違うものであり、それぞれの人生で、さまざまな状況で感じる気分の落ち込みや意欲が出ない、ということが同じであるわけがありません。

ですから、自然科学的な妥当性（臨床においてそれは「統計学的な相関関係」ということとほぼ同義ですが）ということは、人が人を扱う心理臨床などでは「意味はあるが、絶対的なものではないし、限界もある」ということを知っていなくてはなりません。

このような意味で、著者が最後に述べている小鳥の話はとても興味深いものです。

「鳥と人間が本当にコミュニケートできるか」ということも、上記のような意味で「自然科学的に検証する」ことはできません。「著者が勝手にそう思っているだけではないか」という「解釈」も当然成り立ちます。しかし著者が小鳥に向けているまなざし、姿勢、思いやり、これらのものは著者がクライエントに向けて開いている「治療可能性」そのものなのです。私が初めに述べた「どんなケースでも希望を捨てない」という著者の態度がこの小鳥の話の中に端的に表されていると思います。このエピソードはもちろん「自然科学的」な話ではありません。「本当に小鳥の目は吊り上がっていたのか？」などと問うことは意味がないでしょう。著者と小鳥はこの「物語」の中に「自然科学的」に、「客観的」に、ではなく、「相互主観的」に、生きることの意味を見出したのであり、人を対象とした心理療法的過程とその本質においては何ら変わるものではないと思います。

この著書が読者の生きる糧《かて》として、思索の契機として、こころに残るものとなることを信じ、多くの方に読まれることを期待しています。

病理解説

本文中に出てきた疾患名について、簡単な説明を加えました。症状を中心に解説してありますが、ここにある疾患・症状のほとんどは、自然発生的に起きるのではなく、その人の中でそうならざるを得なかった、という事情を背負って表出したものであるということを、心にとめておいていただければと思います。

なお、ＤＳＭとは、米国精神医学会（ＡＰＡ）による「精神疾患の診断・統計マニュアル」のことで、世界的に広く使用されている診断概念・診断基準になっています。改正が重ねられており、ＤＳＭ‐Ⅳ‐ＴＲは、二〇〇〇年に改正・出版されたものです。

PTSD（心的外傷後ストレス障害）

事故や災害、あるいは暴行、拷問《ごうもん》、監禁など、命を脅《おびや》かされるほどの危機的な状況に直面し、その非常に強い恐怖や無力感を体験したことで、あとになっても、そのときの様子が繰り返し浮かんできたり夢に出てきたり、またそれを再体験するような感情・感覚がどうしようもなく沸きおこるなど、苦しみが続く症状。その心的外傷体験を想起させるような場面や人物を回避したり、健忘《けんぼう》、感情や感覚の鈍麻《どんま》、刺激への過剰反応、不眠などを伴うこともある。不安障害の一つに分類されている。

（代理人による）ミュンヒハウゼン症候群

「ほら吹き男爵《だんしゃく》の冒険」は、主人公ミュンヒハウゼン男爵が、奇想天外な手柄話やほら話をしながら国中を旅してまわる話である。嘘をつきながら（それが見破られそうになると）病院を転々と渡り歩くというこの病気の特徴がミュンヒハウゼン男爵を連想させることから、この名がつけられた。

自分のこころや身体に意図的に病気を捏造《ねつぞう》し、病者として周囲の同情や関心を引き出そうとするものを虚偽性障害というが、ミュンヒハウゼン症候群はこれに属するものである（DSM-Ⅳ-TRにおいては、身体的徴候と症状の優勢なものがミュンヒハウゼン症候群とされている）。そして、嘘の病気を自分自身にではなく、自分が世話をしている人（たいていは自分の子ども）の中につくり出し、間接的に病者の役割をとって周囲の同情や注目を集めようとするものが「代理人によるミュンヒハウゼン症候群」である。虐待《ぎゃくたい》の一つの形態であると言える。本文中の「日本型（代理人による）ミュンヒハウゼン（障害・傾向）」では、母親は証拠を残すことはほとんどない。そして（自分が病気にした）子どもを献身的に看病して見せることで、周囲の同情どころか称賛を集めようとするものである。「代理人によるミュンヒハウゼン症候群」は犯罪という深刻な側面を持つことから、虐待の免罪符として利用されるのを防ぐためDSM-Ⅳ-TRの精神疾患の表の分類には、あえてその名は記載されていない。

ボーダーライン（または境界性人格障害）

対人関係、自己像、感情の不安定さと著《いちじる》しい衝動性を持つ病理。相手に見捨てられないためにはなりふり構わない努力をする。相手にしがみつき、依存してしまう。日常で、嫉妬《しっと》心や疑い深さ、怒りをコントロールできない。自己像・自己感がずっと不安定で、衝動性によって自分を傷つけるような行為（浪費、性行為、物質濫用、無謀な運転、過食など）をしたりする。気分も他者への感情も激しく揺れ動き、その一方で慢性的な空虚感に苦しむ。そのため自殺の行動やそぶりがあったり、リストカット等の自傷行為で空虚さを紛らわそうとしたり、行動が激しく、また不安定になる。つまり苦痛が外側に向けて発信される形なので、周囲も患者の症状に巻き込まれやすい。

強迫神経症

ＤＳＭ－Ⅳ－ＴＲでは「強迫性障害」と記述されており、不安障害の一つである。強迫性障害には「強迫観念」と「強迫行為」とがある。「強迫観念」とは、自分の中に、ある不適切な考えや心象、衝動が侵入的に繰り返し沸きおこり、それを振り払うことができないという症状であり、強い不安や苦痛をもたらす。「強迫行為」は、手を洗う、順に並べる、確認するなどの行動や、祈る、数を数える、声を出さずに言葉を繰り返す、などの心の中の行為を、反復的に繰り返すという症状である。強迫行為は、強迫観念によって生じた苦痛を中和・軽減するため、あるいは恐ろしい出来事や状況から目を背《そむ》けるために、駆り立てられているという感じで行われるが、その防ごうとしている苦痛な状態と、繰り返し行う過剰な行為とは、現実的な関連を持っていない。

強迫観念も強迫行為も、過剰で不合理なことだと本人もわかっている。しかし、この症状は正常な日常生活を送れないほどその人を（時間的、社会的、他者との人間関係などの部分で）浸食し、強い苦痛をもたらす。強迫性障害の人のうち九十パーセント以上に、強迫観念と強迫行為の両方がみられる。

鬱（うつ）、うつ病

気分障害の一つで、躁《そう》状態がなく、うつ状態のみが続いたり繰り返すものをうつ病（DSM‐Ⅳ‐TRではうつ病性障害）と呼ぶ。抑うつ気分、あるいはほとんどすべてのことへの興味や喜びの喪失が、代表的な症状である。あらゆることに悲観的で将来に希望が持てず、無価値観、罪責感や罪悪感があって些細《ささい》なことで自分を責める。無力感、不全感、劣等感にさいなまれる。意欲が低下し、疲れやすくなり、日常の活動や仕事が億劫《おっくう》になり、人と会ったり外出するのもつらくなり、身体の動きも緩慢《かんまん》になって以前のように動けなくなる。集中力や思考力、記憶力も低下し、決断困難になる。体重や食欲に著しい増減があったり、睡眠に関しては、不眠や、逆に睡眠過多、早朝覚醒があることも多い。過去のことを何度もくよくよ考えたり、イライラ感がつのったりする。強い絶望感。反復的に自殺念慮《ねんりょ》を持つことも多い。自らを責め、自らを攻撃してしまう症状は、重症になるとその人を自殺にまで追い詰めてしまう危険がある。

てんかん発作、てんかん性障害

てんかん性障害は、繰り返し発作が出現する慢性の脳疾患、器質障害である。通常、脳波検査などの脳機能検査により確認される。DSM-Ⅳ-TRでは身体表現性障害の一つとされ、一般身体疾患の様相を帯びながら医学的な検索では一般身体疾患としてこれを十分に説明・立証することができず、発作に先立って葛藤や他のストレス因子が存在しており、心理的要因が関連していると判断されている。発作では、意識の消失や痙攣《けいれん》、随意運動や感覚の異常、自律神経症状など、神経や精神の症状が生じる。記憶障害発作が起こるものもある。これらは突然に起こり、短時間に回復する。同じパターンが繰り返されるのが特徴である。

解離性同一性障害

人間の精神的機能には本来一つの連続性があるものだが、解離性障害の基本的症状は「意識、記憶、同一性、または知覚についての通常は統合されている機能の破綻《はたん》」とDSM‐Ⅳ‐TRにおいて定義されている。その人の連続性が失われ、切れて（解離して）しまっているのである。解離性同一性障害は、以前は多重人格性障害と呼ばれていたもので、解離性障害の中でも最も重い症状の一つだと言われている。その人の中に二つ以上の、はっきりと他と区別される同一性またはパーソナリティ状態が存在し、反復的にその人の行動を統制する。そして、通常の物忘れのレベルとは違う、その人の重要な個人的情報が想起できないという現象が起きる障害である。

統合失調症

多彩な精神症状を示す精神病性障害の一つ。DSM‐Ⅳ‐TRによると、特徴的症状として、妄想《もうそう》、幻覚、まとまりのない会話、ひどくまとまりのない行動、奇異な動きといった陽性症状、感情の平板化、思考の貧困、意欲の欠如などの陰性症状などがある。症状はほとんどいつも存在する。発症前に比べ、仕事、対人関係、自己管理などの面で、能力が著しく低下する。抑うつ症状を伴うことも多く、自殺の危険も高い。

摂食障害

摂食障害には、大きく神経性無食欲症（拒食症）と神経性大食症（過食症）とがある。

神経性無食欲症（拒食症）は、「体重を減らすことに意識的に価値を見出して食べない」という症状で、DSM‐Ⅳ‐TRによると、その診断基準は、年齢と身長に対する正常体重の最低限またはそれ以上を維持することの拒否、体重が不足している場合でも体重増加や肥満に対する強い恐怖心があり、自分の体重や体型の感じ方の障害、自己評価に対する体重や体型の過剰な影響、または現在の低体重の重大さの否認、さらには無月経、ということである。

一方、神経性大食症（過食症）の診断基準は、食べることを制御できない感覚で、むちゃ食いの症状を繰り返し、体重増加を防ぐために繰り返し無理に吐いたり、下剤や利尿剤や浣腸や薬剤を使って食べたものを排出しようとしたり、絶食、過剰な運動など極端な行動をする、ということである。拒食と過食、一見正反対の行動に見えるが、「痩《や》せていることに自分の価値を認める」という点で両者の根っこは一つであり、状態像が違うだけである。拒食症、過食症ともに、重篤《じゅうとく》な身体合併症を伴う場合があり、命にかかわることもまれではない。

自閉症

DSM-Ⅳ-TRにおいて「通常、幼児期、小児期、または青年期に初めて診断される障害」の中に「広汎性発達障害」というカテゴリーがあり、その中に自閉性障害の記述がある。その特徴は大きく三つ挙げられている。一つ目は、対人的相互関係における質的な障害（相手と見つめ合うなどといった対人的相互反応を調節する非言語的行動ができなかったり、年齢相応の仲間関係をつくれない、楽しみや興味を他人と分かち合うことを自発的に求めない、などの対人的または相互性の欠如）があるということ。二つ目は、コミュニケーションの質的な障害、すなわち話し言葉の遅れや、たとえ話ができても他人と会話を開始し継続する能力に障害があったり、同じ言葉をずっと繰り返したり、年齢相応のごっこ遊びやものまね遊びができない、といったもの。三つ目は、行動・興味・活動の限定された反復的で常同的な様式ということで、ある一つの興味だけに異常なほど熱中したり、特定の機能的でない習慣や儀式にかたくなにこだわる、常同的反復的に手指や身体を動かす、物体の一部に持続的に熱中する、などである。自閉症は三歳以前に始まるもので、脳の器質的障害である可能性も指摘されているが、自閉症の原因についてはいまだ不明である。

ＡＤＨＤ（注意欠陥・多動性障害）

先の「通常、幼児期、小児期、または青年期に初めて診断される障害」に含まれる。発達の水準に相応しない、不適応的なレベルでの、不注意（何かに集中することができない、課題等の順序立てが困難、忘れっぽい、気が散りやすい、失くし物が多い）、あるいは多動性（じっとしていられない、まるでエンジンで動かされるように動き回る）や衝動性（順番を待てない、質問が終わる前に出しぬけに答えたり、他人の会話やゲームに干渉したり邪魔をするなど）があること。症状は七歳以前に存在し、その障害は家と学校など、二つ以上の状況で生じている。

引用・参考文献

Allen Frances, Ruth Ross（2001）DSM-Ⅳ-TR Case Studies—A Clinical Guide to Differential Diagnosis. American Psychiatric Publishing Inc（高橋三郎・染矢俊幸・塩入俊樹訳『DSM-Ⅳ-TRケーススタディ　鑑別診断のための臨床指針』二〇〇四　医学書院）

松下正明『みんなの精神医学用語辞典』二〇〇九年　弘文堂

武井茂樹『図解入門よくわかる精神医学の基本としくみ』二〇一一年　秀和システム

富澤治『裏切りの身体―「摂食障害」という出口―』二〇一一年　エム・シー・ミューズ

【著者紹介】
網谷由香利（あみや・ゆかり）
佐倉心理療法研究所所長。博士（人間科学）。臨床心理士。
東洋英和女学院大学大学院人間科学研究科人間科学専攻（臨床心理学領域）博士後期課程修了。専攻は、臨床心理学、分析心理学。著書に、『子どものこころが傷つくとき―心理療法の現場から』『こころの病が治る親子の心理療法』『こころの傷が治った―カウンセリングの現場から（共著）』『不登校・こころの病を治す』（以上、第三文明社）、『子どもイメージと心理療法』（論創社）などがある。

【佐倉心理療法研究所】の連絡先
電話：043-484-4004（代）（水・金、10時～13時、14時～17時まで受け付け）、
Fax：043-484-4222（随時受け付け）
E-mail：personspossible@star.odn.ne.jp（随時受け付け）
個別心理面接＜佐倉オフィス（千葉県）＞、＜三浦分室（神奈川県）＞。
開室時間＝月～土曜 10時～19時、日曜・祝日は休室。完全予約制。
各種セミナー（一般、セラピスト養成他）月一回日曜日。
フリースペース＜佐倉＞＜吉倉＞
開室時間＝月～金曜 10時～16時30分、土曜・日曜・祝日は休室。
なお、電話、ファックス、メールでは受け付けのみで、具体的なご相談には応じられませんので、ご了承ください。

子《こ》どもの「こころの叫《さけ》び」を聴《き》いて！
――笑顔《えがお》を取《と》り戻《もど》すための処方箋《しょほうせん》

2012年11月1日／初版第1刷発行

著　者　網谷由香利《あみやゆかり》
発行者　大島光明
発行所　株式会社　第三文明社
東京都新宿区新宿 1-23-5
郵便番号　160-0022
電話番号　03（5269）7145（営業代表）
03（5269）7154（編集代表）
URL　http://www.daisanbunmei.co.jp
振替口座　00150-3-117823
印刷・製本　藤原印刷株式会社

ISBN978-4-476-03317-5
乱丁・落丁本はお取り換えいたします。ご面倒ですが、小社営業部宛お送りください。
送料は当方で負担いたします。